Gertrud und Joachim Steiger

111 Orte im Odenwald, Spessart und an der Bergstraße, die man gesehen haben muss

111

emons:

Bibliografische Information der Deutschen Nationalbibliothek
Die Deutsche Nationalbibliothek verzeichnet diese Publikation in der Deutschen Nationalbibliografie; detaillierte bibliografische Daten sind im Internet über http://dnb.d-nb.de abrufbar.

Gestaltung: Eva Kraskes, nach einem Konzept von Lübbeke | Naumann | Thoben
Kartenerstellung: Ursula Baaser
Daten von OpenStreetMap – veröffentlicht unter CC-BY-SA 2.0
Druck und Bindung: Grafisches Centrum Cuno, Calbe
Printed in Germany 2015
Erstausgabe 2012
ISBN 978-3-89705-945-0
Aktualisierte Neuauflage April 2015

Vorwort

Da haben es die Kollegen doch recht kommod. Müssen sie doch nur *eine* Stadt oder *eine* Region beschreiben. Wir dagegen haben drei Regionen auf dem Schirm, die zu allem Überfluss auch noch in drei Bundesländern liegen ... und dann soll dafür auch nur eine Seite »Vorwort« genügen. »Nein«, haben wir da zum Verleger gesagt, »nein, Sie können uns mal ...«

Also *so* haben wir das natürlich nicht gesagt. Wir haben gesagt: »Sie können uns mal mindestens anderthalb oder gar zwei Seiten ›Vorwort‹ spendieren.« Aber da war er konsequent, und nun müssen wir uns kurz fassen. Daher zum Einstieg nur Folgendes: Weder lässt sich der Odenwald noch die Bergstraße und schon gar nicht der Spessart geografisch an genauen Grenzen festzurren. Vom Odenwald gibt es unter anderem den »badischen« und den »nördlichen«, ergo auch den »südlichen«, bei »östlich« und »westlich« war man bei der Namensfindung etwas phantasievoller, daher gibt es den »kleinen« und »vorderen« Odenwald und so weiter und so fort. Die Bergstraße ist hingegen recht eindeutig festzumachen: knapp 70 Kilometer von Darmstadt bis nach Wiesloch, ganz im Norden Baden-Württembergs.

Die Grenzen des Spessarts sind wiederum fließend. Wir haben uns entschieden, ihn östlich mit Gemünden am Main beginnen zu lassen, nach Norden hin mit Bad Soden-Salmünster zu begrenzen, die Westgrenze bei Hanau zu belassen und südlich den Sack etwas unterhalb von Miltenberg zuzumachen. Den alten Sinnspruch »Kinzig, Sinn und Main schließen rings den Spessart ein« haben wir eben zu unseren Gunsten ausgelegt. Da aber der gemeine Odenwald südlich von Miltenberg noch in den Naturpark Neckartal-Odenwald übergeht, haben wir unsere Tour noch nach Walldürn und Buchen ausgedehnt und beenden diese im Süden in der alten Römerstadt Osterburken. Gut 1.800 Kilometer waren wir unterwegs, haben geschaut, fotografiert, gebadet und geschmaust, um Ihnen 111 ungewöhnliche, spannende und bunte Orte zu suchen: *»Here are the results.«*

111 Orte

1 Hotel Post

Buongiorno Adorno

Die großen dunklen Kulleraugen des kleinen »Teddie« Wiesengrund Adorno füllten sich bestimmt mit Tränen, würde er das Amorbach seiner Kindheit heute sehen. Wie in vielen früheren blühenden Sommerfrischen hat auch in Amorbach der Zahn der Zeit und der Finanzkrisen sein Werk des Nagens wenn nicht schon vollendet, so zumindest aber heftig begonnen. Theodor Adornos Domizil in Amorbach, das »Hotel Post«, jedenfalls ist ein Paradebeispiel für den Rückgang zahlungskräftiger Urlaubsklientel in einstmals aufstrebenden Luftkurorten. Verschlossen und verriegelt liegt das ehemalige erste Haus am Platze heute da, und man kann sich des Eindrucks nicht erwehren, die letzten Besitzer hätten voller Resignation die Türen nicht nur fest verschlossen, sondern sie hätten den Schlüssel auch noch weit weggeworfen. Was für den heutigen Adorno-Liebhaber ein herber, unschätzbarer Verlust ist, lagen doch in den Schränken und Vitrinen des Hotels seltene fotografische Aufnahmen von Adorno und seiner Familie, ebenso kleine kindliche Texte und Zeichnungen des Buben Teddie.

In seinen 16 biografischen Miniaturen über die Stadt, zuerst erschienen 1966 in der »Süddeutschen Zeitung«, ist Theodor Adorno wieder zurück im Amorbach seiner Kinderjahre. Herausgekommen ist ein kleines Kunstwerk, privatere Wortgefüge hat der reife Mensch Adorno wohl nie wieder geschrieben. Teddie Adorno lässt seine Gedanken Revue passieren, zeigt dem Leser sein »Adornobach« vor der ersten großen Weltenkatastrophe des 20. Jahrhunderts – eine Idylle, die – objektiv betrachtet – so wohl nie bestanden hat. Dennoch – man ist gerne dabei, wenn der große Denker über eine Mainfahrt nach Miltenberg berichtet oder über die befriedete Wildsau von Ernsttal. T. W. Adorno verließ sein amerikanisches Exil 1949 – noch im selben Jahr besuchte er es wieder, sein unterfränkisches Arkadien – und er besuchte selbstverständlich auch wieder die »Post«.

Adresse Schmiedsgasse 2, 63916 Amorbach | **Anfahrt** Amorbach erreicht man über die B 47 aus Richtung Michelstadt. Die Schmiedsgasse ist ein Seitengässchen vom Marktplatz in Amorbach. | **Tipp** Odenwälder Marzipan Konditorei, Reuboldstrasse 8, 63937 Weilbach.

2 Kapelle Amorsbrunn

Die Quellenkultstätte

Der Mönch Theoderich von Fleury (seine Geburtsdaten liegen im Dunkeln, gestorben ist er um 1018) hielt die Quelle von Amorsbrunn schon um das Jahr 1010 für heilfähig und wohltuend. Er sprach davon, das Wasser sei ein »rivus amoris« – ein Bach der göttlichen Liebe. Seine Euphorie ist verständlich – wenn das Wasser der Quelle ihn auch nicht gänzlich von seinem Gichtleiden heilte, so linderte es seine Schmerzen wohl doch beachtlich.

Diese Art von Kultstätten kann natürlich aber auch einen wunderbaren Grunddiskurs über den Placeboeffekt hervorrufen. So heilt das Amorsbrunner Wasser wohl auch Augenleiden und Zahnschmerzen, und bis weit in das 20. Jahrhundert besuchten speziell Frauen das Kirchlein – galten dieses und das heilige Wasser doch auch als hilfebringend bei verstärktem Kinderwunsch.

Die Kapelle liegt gute zwei Kilometer von der Amorbacher Altstadt entfernt, im Otterbachtal. Das 8. Jahrhundert war auch die Zeit, in der man sich im Odenwald der Christianisierung stellen musste. Mönche, von der grünen Insel Irland kommend, begannen von hier aus, ihr Werk zu vollbringen. 400 Jahre später baute man über die heilbringende Quelle, an der, einer Legende nach, der Apostel Amor seine Jünger taufte, eine Kapelle, und fertig war die Quellenkultstätte. Das Tauchbecken im Freien wird über einen unterirdischen Kanal von der Quelle gespeist. Wunderheilungen sagten die Leute dem Amorsbrunner Wasser über Jahrhunderte nach – so was spricht sich herum. Die vielen Wallfahrer und Pilger erforderten eine Vergrößerung des Kapellenraums, es gab viel Arbeit für die Mönche und Priester der Abtei Amorbach.

Heute strahlt die Kapelle eine ganz besondere Art der Ruhe aus. Speziell an kühlen frühherbstlichen Morgen, wenn der Raureif noch an Blumen und Gräsern glitzert, die ersten Sonnenstrahlen über das Christopherusbild an der äußeren Chorwand wandern, dann ist man mit sich und den Seinen irgendwie im Reinen.

Adresse Kapelle Amorsbrunn, 63916 Amorbach | Anfahrt Von der B 47 links abbiegen und der Ausschilderung zum Gourmetrestaurant »Der Schafhof« folgen. Rechter Hand am Ortsende befindet sich dann die Kapelle Amorsbrunn. | Öffnungszeiten Mai–Okt. 10–17 Uhr | Tipp Heiraten in Amorbach – es gibt wohl keinen klangvolleren Ortsnamen für den wichtigsten Tag im Leben. Alle Informationen erhalten die, die sich »trauen«, unter: standesamt@stadt-amorbach.de, Tel. 09373/209-12/-14.

3 Der Altstadtfriedhof

Eine Begegnung mit der Familie von Brentano

Erzählt man seinen Bekannten, dass man gerne einmal einen Spaziergang über einen Friedhof unternimmt, konstatieren die einen, man hätte wohl einen ziemlich extremen, gar morbiden Geschmack. Die anderen wiederum können es sofort nachfühlen, diese Wirkung, diese eigentümliche Anziehungskraft und die innere Ruhe, die ein solcher Flecken ausstrahlt.

Ob Ohlsdorfer Friedhof in Hamburg, ob jüdischer Friedhof in Frankfurt am Main – die Gottesäcker haben ihre ureigene Faszination.

So auch der Altstadtfriedhof in Aschaffenburg. Voller Erhabenheit liegt er eingebettet mitten in der Stadt und erlaubt die Begegnung mit einer großen Familie, die die deutsche Literatur entscheidend mitgeprägt hat.

An erster Stelle muss hier natürlich der Name Clemens von Brentano (1778–1842) fallen, der vollständig Clemens Wenzeslaus Brentano de La Roche hieß. Clemens gilt als einer der Hauptvertreter der literarischen Richtung, die als Heidelberger Romantik bekannt wurde.

Da man die Romantik, die etwa von 1795 bis 1848 eingeordnet wird, in drei Phasen unterteilt – die Frühromantik bis 1804, die Hochromantik bis 1815 und die Spätromantik bis 1848 – liegen die Heidelberger in der Phase der Hochromantik.

Neben Clemens von Brentano sind vor allem noch die Namen Joseph von Eichendorff und Achim von Arnim zu nennen. Von Arnim war der Gatte von Clemens' Schwester Bettina und gleichzeitig auch der Mitherausgeber Brentanos bei der dreibändigen Volksliedersammlung »Des Knaben Wunderhorn«.

Clemens von Brentano starb 63-jährig im Hause seines Bruders Christian von Brentano (1784–1851) in Aschaffenburg, der ebenso wie seine Söhne Franz (1838–1917) und Ludwig Joseph, genannt Lujo (1844–1931), auf dem Altstadtfriedhof bestattet wurde.

Adresse Güterberg 12, 63739 Aschaffenburg | Anfahrt von der B 26 kommend über die Willigisbrücke fahren, am Kreisel die erste Ausfahrt, anschließend am nächsten Kreisel ebenfalls die erste Ausfahrt nehmen und dann der Beschilderung folgen | Tipp Beeindruckend ob seiner Vielfalt und dem schon fast mediterranen Ambiente ist der Aschaffenburger Wochenmarkt. Immer mittwochs und samstags von 7 bis 13 Uhr bieten auf dem Schlossplatz die Händler ihre unwahrscheinlich frischen Nahrungsmittel an.

4 Der Bayerische Staatshafen

Mast- und Schotbruch am Main

Mit der Kanalisierung des Mains, die im Jahre 1921 abgeschlossen wurde, und der Fertigstellung des Bayerischen Staatshafens im gleichen Jahr nahm die Stadt Aschaffenburg einen enormen wirtschaftlichen Aufschwung. Gebaut wurde seit dem Jahre 1914 an dem ersten bayerischen Handelshafen, und man schuf damit einen Umschlagplatz für Waren und Rohstoffe im Durchgangsverkehr von den rheinischen Industriegebieten nach Bayern und Osteuropa. Heute verbindet das Wasserwegenetz den Main über die Donau mit dem Schwarzen Meer und über den Rhein mit Nordseehäfen wie Rotterdam.

Fünf große Hafenbecken hatten die Planer einstmals angedacht, konnten aber nur – auch eine Folge des Ersten Weltkriegs – zwei fertigstellen. Auch in der kleineren Ausführung wurde Aschaffenburgs Hafen seit dem Tag seiner Fertigstellung am 3. November 1921 ein gewichtiger Wirtschaftsfaktor, Handelsmotor und Arbeitgeber in der Region Nordbayern und Südhessen – bis zu 2.000 Menschen finden hier ihr Auskommen. Der Zweite Weltkrieg verschonte auch Aschaffenburg nicht – schwere und schwerste Luftangriffe trafen ab Januar 1945 auch die Hafenanlagen in Leider. Sie nahmen aber bald den Betrieb wieder auf.

Seine Bedeutung hat der Hafen bis heute beibehalten. Jährlich werden in Aschaffenburg um die drei Millionen Tonnen an Gütern umgeschlagen. In der Hauptsache sind dies Rohstoffe und Massengüter wie Mineralöle, Baustoffe und Kohle. Neuerdings sorgt der Buchenholz-Transport für äußerst positive Umsätze und steigende Gütermengen. Jedes Jahr ist der »bayernhafen« auch die Austragungsstätte des »Beach-Soccer-Cups« – was wohl Neudeutsch ist und so viel wie »Strandfußball–Meisterschaft« bedeutet.

Hafenrundfahrten sucht man in Aschaffenburg zwar vergeblich, für interessierte Gruppen stehen aber nach Absprache immer wieder Hafenführungen auf dem Programm.

Adresse An der Darmstädter Straße, 63741 Aschaffenburg-Leider | **Anfahrt** A 3 Frankfurt – Nürnberg, Anschluss Stockstadt (Nr. 57), B 469 Richtung Obernburg bis Ausfahrt Aschaffenburg, B 26 Richtung Aschaffenburg, Einfahrten: Hafen West, Mitte, Ost | **Tipp** Aschaffenburg ist auch eine Stadt der Brunnen. Auf dem St.-Lukas-Platz in Leider befindet sich der von Gunter Ullrich erbaute Möwenbrunnen – eine kleine Reminiszenz an die gefiederten Mitbewohner des Hafens.

5 Das Geburtshaus von E. L. Kirchner

Der Expressionist

Es hat sich in den letzten zwei Jahren viel getan am Geburtshaus des Herrn Kirchner. Das Haus an der Ludwigstraße ist saniert und zu einem kleinen Schmuckstück geworden.
Das Gebäude wurde 1861 fast zeitgleich mit dem damaligen bayerisch-preußischen Grenzbahnhof errichtet, und Ernst Ludwig Kirchner hat in seinen Erinnerungen seine frühen Eindrücke vom lebhaften Treiben am Bahnhof von »Aschebersch« geschildert.

Kirchner war mit Erich Heckel, Fritz Bleyl und Karl Schmidt-Rottluff Mitbegründer der Dresdner Künstlergemeinschaft »Die Brücke«. Er war in seinen Anfängen impressionistisch beeinflusst, gilt seit Beginn der »Brücke«-Zeit aber als einer der großen deutschen Expressionisten. Die »Brücke«-Künstler verband von Anfang an ein alternativer Lebensentwurf. Sie wollten in ungezwungener Natürlichkeit leben und in freier Natur nach ihrem gemeinsamen Ideal, der Verschmelzung von Kunst und Leben, suchen. Die frühen, leuchtenden Dolce-Vita-Bilder sind dafür der beste Beweis. Kirchners Werke sind heute Gold wert – die Tuschepinselzeichnung »Zwei Akte unter Bäumen« aus dem Jahr 1930 wurde 2011 für 50.000 Euro angeboten und die »Wintermondnacht« von 1919 im selben Jahr auf eine halbe Million geschätzt. Bei Christie's ersteigerte ein Sammler einen Kirchner (»Potsdamer Platz«) für satte 38 Millionen Dollar.

Viele Jahre ließ man Ernst Ludwig Kirchner in Aschaffenburg links liegen. Heute hat man sich, dank der Initiative »Kirchner-HAUS ASCHAFFENBURG e.V.«, wieder an die Lichtgestalt der Stadt erinnert und dieser einen Platz hergerichtet, der beeindruckt. Da sich unter den Gründungsmitgliedern des Vereins auch der Oberbürgermeister der Stadt Aschaffenburg befindet, kann man wohl annehmen, dass sich die offizielle Unterstützung wohltuend auf das Künstlerhaus legt.

Adresse Ludwigstraße 19, 63739 Aschaffenburg, www.kirchnerhaus-aschaffenburg.de | **Anfahrt** Das Kirchnerhaus liegt in unmittelbarer Nachbarschaft des Hauptbahnhofs. | **Tipp** Das »Pompejanum« in Aschaffenburg – die Idealrekonstruktion eines römischen Wohnhauses – ist einen Besuch wert, www.info-aschaffenburg.de.

6 Das Küstenmotorschiff »Jenny«

Ein steiler Weg: Vom Politikum zu »Everybody's Darling«

Es war von Anfang an im wahrsten Sinne des Wortes eine »großartige« Idee. Und wie das großartige Ideen im Allgemeinen so mit sich bringen, wird über sie erst einmal heftig gestritten. So auch in diesem Falle des Küstenmotorschiffes »Jenny«. Diesen prächtigen, über 40 Meter langen, 7,80 Meter breiten und 8 Meter hohen ehemaligen holländischen Muschelkutter hatten sich Teile der Babenhäuser Gemeindevertreter ausgesucht, um ihn als Technik- und Gastronomiegebäude im Schwimmbad ihrer Heimatstadt zu verankern. Die Kosten für den Umbau des Schiffes waren ähnlich jenen, die auch ein konventionelles Technik-Gebäude gekostet hätte. Einzig, dass die Transportkosten für den mehr als 200 Tonnen schweren Koloss nahezu genauso hoch zu veranschlagen waren wie der Anschaffungspreis der »Jenny«, hatte anfänglich niemand so richtig realisiert, und so war ein kommunalpolitischer Streit vorprogrammiert.

Dennoch, am 28. August 2010 war es so weit. KüMo Jenny traf im »bayernhafen Aschaffenburg« ein. Mit einem Binnenschiff wurde sie von Holland über das Ijsselmeer, den Rhein und dann den Main nach Aschaffenburg transportiert, zerlegt in drei Teile. Vom Hafen aus war es kein so weiter Weg nach Babenhausen, doch die Tücke steckte im Detail. Mittels eines 500-Tonnen-Autokrans wurde »Jenny« auf drei Schwerlasttransporter gepackt, die Bundesstraße Richtung neuer Heimat wurde für einen Sonntagvormittag komplett gesperrt. Würde die eine Brücke auf der Strecke zum Problem werden?

Begleitet von etlichen interessierten Bürgern und Politikern, von allen Seiten fotografiert und beschrieben von den Vertretern der Presse, kam »Jenny« nach mehreren Stunden in ihrem letzten Heimathafen, dem Schwimmbad zu Babenhausen, an – und ist nun, natürlich wieder zusammengeschweißt, ein mächtiger Hingucker. Schwimmer ziehen ihre Bahnen nun direkt neben dem Schiff.

Adresse Am Schwimmbad 7, 64832 Babenhausen | **Anfahrt** B 26 in Richtung Stockstadt, dann rechts in die Friedrich-Ebert-Straße einbiegen | **Öffnungszeiten** in der Regel Mai–Sep. 9–20 Uhr | **Tipp** Zu empfehlen sind die feinen Pommes-Schranke am Kiosk auf der »Jenny«.

7 Der Stadtteil Langstadt

Die Wahlheimat von Friedrich Wilhelm Kuschke

Gatow ist ein Ortsteil des Bezirks Berlin-Spandau. Anhand eines gebürtigen Gatowers sollen nun einige Prinzipien des Odenwälder Dialekts erklärt werden.

Das hat, oberflächlich besehen, Chuzpe.

»Un wie zum Bier geheert en Humbe; wie Sauerkraut geheert zu Gumbe; geheert die Ourewäller Sprooch; zum Ourewaold, des is kao Frooch. Bei uns do wird sich net geniert, un on de Sprooch erimprowiert; sie will aa net verwessert soi, sou wenisch wie die Ebbelwoi. Isch hoff, es wird jetzt kaons rewellisch: Meer schwätze blouß noch ourewällisch.« Der Auszug stammt aus einem Gedicht von Friedrich Wilhelm Kuschke (1888–1933), einem Gatower, der jahrelang im Odenwald als Lehrer sein Auskommen fand und in Langstadt verstarb. Kuschke liebte die Menschen dieses rauen Landstrichs und versuchte sich vollkommen zu assimilieren. Das gelang ihm im Umgang mit seinen Mitmenschen prächtig, sprachlich blieb das von ihm gewünschte Ergebnis weit hinter dem Erhofften zurück. Funktionierte es mit dem Odenwälder Dialekt schriftlich noch ganz gut, konnte Kuschke zu Hause am Schreibtisch die Sprache seiner Wahlheimat ausleben, erging es ihm in der direkten Unterhaltung genauso wie es einem Hessen ergeht, der krampfhaft einen Sachsen oder Friesen sprachlich kopieren will.

Der Odenwälder Dialekt – und der ändert sich in Nuancen schon von Dorf zu Dorf – ist in der Aussprache nicht erlernbar, wie bei jedem Dialekt gilt: Vom ersten Mal »Mama« sagen (das Odenwaldbaby sagt »Momme«) muss man den Dialekt »gelebt« haben, sonst funktioniert er nicht. Wer einmal das original »Odenwäldlerische« hören möchte, sollte sich die CD »Horsch emol, wie schäi« besorgen. Jeder Zugezogene sollte aber gewarnt sein, wenn er annimmt, Sympathien am dörflichen Stammtisch dadurch zu erlangen, dass er den Ortsdialekt nachahmt. Da gilt das große Wort des Menschenverstehers Dieter Nuhr: »Einfach mal Fresse halten!«

Adresse 64832 Babenhausen, Stadtteil Langstadt | **Anfahrt** Der Stadtteil Langstadt ist vom Kern Babenhausens etwa fünf Kilometer entfernt und über die Landstraße 3065 zu erreichen. | **Tipp** Wer den Odenwälder Dialekt live erleben möchte: Viele Gasthäuser und Kleinkunstkneipen haben immer wieder einmal einen echten Odenwälder »Volkssänger« oder Heimatdichter zu Gast.

8 Die Bruchmühle

Der »lange Samel«

Denkt man an historische Räuberbanden und Räuber, fällt einem zwangsläufig zuerst der Schinderhannes ein. Kramt man dann ein wenig weiter in seinen Erinnerungen, taucht irgendwann schemenhaft das Bild einer edlen Männergestalt auf, die etwas an Curd Jürgens erinnert. Das ist dann der Punkt, an dem Fiktion und Realität weit auseinanderdriften. Denn die wirklichen Räuber hatten rein gar nichts Edles oder Romantisches. Im Gegenteil.

Nimmt man den am 20. Mai 1765 auf der Bruchmühle bei Bad König/Etzen-Gesäß geborenen Johann Adam Grasmann als Beispiel, kann man erläutern, wie Armut und gravierende soziale Missstände zu dieser Zeit viele Menschen in die Räuberei trieben. Grasmann, genannt der »lange Samel«, ernährte seine Familie durch Tätigkeiten als Korbmacher, Fruchthüter und Viehhirte. Nach einem kleinen, eher unbedachten Diebstahl – Grasmann hatte zwei Schürzen voll Getreide mitgehen lassen – wurde er erwischt und eingesperrt. Er konnte fliehen, verlor aber all seine Habe und Rechte. Mit seiner Frau zog er nun ohne festen Wohnsitz in der heimischen Gegend umher. Mit anderen Vogelfreien, wie dem ganz in der Nähe der Bruchmühle geborenen Mümling-Crumbacher Johann Adam Heusner und dem »Hessen-Martin« genannten Johann Martin Rupprecht, bildete er die Bande der »Odenwälder Räuber«. Ob ihrer Brutalität und Rücksichtslosigkeit verbreiteten sie in dem gesamten Gebiet zwischen Mümling und Main Furcht und Schrecken. Nach eigenen Angaben war Grasmann an 16 Straßenräubereien und Hunderten von Einbrüchen und Diebstählen beteiligt, seinen letzten Überfall beging er am 9. März 1810 in Fränkisch-Crumbach. Grasmann wurde mit seinem Spießgesellen Heusner am 5. November 1814 in Darmstadt enthauptet.

Den Odenwaldräubern mag heute ein aufregend-romantisches Image anhaften, ihr wahres Leben war aber arm und karg – und vermutlich kaum spannender als ein Rosamunde-Pilcher-Film.

Adresse Bruchmühle, 64732 Bad König | **Anfahrt** Die Bruchmühle liegt am Fahrradweg zwischen Bad König und dem Stadtteil Etzen-Gesäß. Von der B 45 in Richtung Brombachtal abbiegen, vor der Eisenbahnbrücke dann links. | **Tipp** Dem »Gesundheitsbrunnen« am Ortsausgang von Bad König Richtung Kimbach/Vielbrunn werden ungeahnte Heilkräfte zugesprochen.

9 Das Grab von Carl Weyprecht

Die Nordpolexpedition, Julius Payer und die »Tegetthoff«

Es ist der 13. Juni 1872. Bremerhaven.

Die »Admiral Tegetthoff«, 32 Meter lang und 7 Meter breit, ist ein dreimastiger Barkschoner, speziell ausgerüstet für die »k. u. k. österreichisch-ungarische Nordpolexpedition«. Ruhig liegt sie im Hafenbecken, als die Männer um die beiden Kommandanten Carl Weyprecht und Julius Payer das Schiff betreten. Weyprecht wird der Kommandant auf See sein, Payer Chef der Landerkundungen.

Carl Weyprecht wurde 1838 in Darmstadt geboren und wuchs im heutigen Bad König auf, da sein Vater Kammerdirektor des Grafen zu Erbach-Schönberg im Schloss zu König war. Der Eintritt in die österreichische Kriegsmarine 1856 war der entscheidende Punkt in Weyprechts Leben, der von der Idee einer Nordpolexpedition schon früh infiziert war. 1872 ist es so weit, es geht mit der »Tegetthoff« Richtung Norden. Als die lange polare Winternacht über die Expedition hereinbricht, friert das Schiff fest, über Monate sieht die Besatzung kein Sonnenlicht. Doch auch im folgenden Sommer kommen sie nicht frei, noch einen Polarwinter lang stehen sie festgefroren bei 82 Grad nördlicher Breite.

Weiter werden sie mit dem Schiff nicht kommen. Am 20. Mai 1874 verlassen alle die »Tegetthoff«. Unter Weyprechts Führung und unter unendlichen Strapazen auf dem Marsch zurück, werden sie 96 Tage später von einem russischen Walfischfänger gerettet. Christoph Ransmayr hat die »Weyprecht-Payer«-Expedition grandios in einem Roman verarbeitet – Pflichtlektüre für alle Bad-König-Besucher. Die Stadt hat eine Weyprecht-Schule, eine Weyprecht-Straße, einen Weyprecht-Wanderweg und gar einen Weyprecht-Tempel. Der Polarfahrer, der 1881 in Michelstadt an Tuberkulose starb, fand auf dem Bad Königer Friedhof im Familiengrab seine letzte Ruhestätte.

Adresse Friedhofsweg, 64732 Bad König | **Anfahrt** Der Friedhof liegt rechter Hand am Ortsausgang von Bad König Richtung Vielbrunn. Carl Weyprechts Grab findet sich ungefähr 150 Meter vom Haupteingang rechts. | **Tipp** Die Friedhofskapelle zählt zu den ältesten Sakralbauten des Odenwaldkreises.

10 Kurpark an den Seen

Der lachende Philosoph

Bad König ist wohl unter den Kurorten im südlichen Teil der deutschen Republik der mit am wenigsten bekannte. »Vollkommen zu Unrecht«, kommentieren Einheimische und Langzeitgäste seit Jahren. Denn das kleine, romantische Thermalbad im südlichsten Zipfel Hessens hat allerhand zu bieten: einen wunderschönen Kurpark mit neuem Wasserspielplatz, ein großzügig angelegtes Freibad, eine Freilichtbühne mit sehenswertem Programm, prominent besetzte Lesungen in der Reihe »Autoren in der Rentmeisterei« und die historische Altstadt mit ihren zwei Schlössern. Irgendwie ist die Welt in Bad König noch in Ordnung.

Carl Julius Weber sah das in den Jahren seines Aufenthalts in der Residenz König (1799–1802) zwangsläufig etwas anders. Sein von Zeitgenossen als »cholerisch-sanguinisch« beschriebenes Temperament und sein entschiedener, fester Charakter brachten ihn in jenen Jahren immer wieder in Konflikte mit seinem Dienstherren, dem Grafen zu Erbach-Schönberg, für den er als Privatsekretär, später als Hofrat tätig war. »Eine schreckliche Zeit habe ich in König durchgemacht«, schrieb er einem Freund.

Verstehen kann man Weber, der von Temperament und Charakter alles andere als ein Hofbeamter war. Ein begnadeter Schriftsteller und ein unbeugsamer Satiriker – das war der Mann aus Hohenlohe. In der Rentmeisterei zu König, der Verwaltung des Grafen, schrieb Weber große Teile seines Hauptwerks »Demokritos oder hinterlassene Briefe eines lachenden Philosophen«. Für das zwölfbändige humoristisch-satirische Werk hatte Weber über 30 Jahre Material gesammelt, doch er selbst erlebte nur noch die Veröffentlichung des ersten Bandes mit. Weber starb im Jahre 1832 in Kupferzell. Er wollte, Satiriker bis zum Schluss, auf seinen Grabstein einmeißeln lassen: »Hier liegen meine Gebeine, ich wollt es wären Deine« – leider hat dieses Unterfangen die Familie Webers zu verhindern gewusst.

Adresse An den Seen, 64732 Bad König | **Anfahrt** Der Kurpark ist von der Altstadt von Bad König in wenigen Minuten zu Fuß zu erreichen. Folgen Sie der Ausschilderung »Schwimmbad«. | **Tipp** Ein Bade- und Saunaparadies ist die großzügig gestaltete Odenwaldtherme in Bad König. Wenn man genügend Zeit mitbringt, sollte man sich 45 Minuten in der Salzgrotte einfach mal gönnen. www.odenwaldtherme.de

11 Das Denkmal des Peter von Orb

Die Sage vom Fuchsstein

Es war die Zeit des Dreißigjährigen Krieges, die weite Gebiete des Odenwalds und des Spessarts in starke Mitleidenschaft zog. Zu dieser Zeit hielt sich in den Wäldern von Orb ein verwegener Geselle auf, für den das Rauben und die Wilddieberei an der Tagesordnung waren. Der »Peter von Orb« war bei der Bevölkerung gleichermaßen gefürchtet wie geachtet, denn auch dieser frühe Spessarträuber hatte erkannt, dass er sich ihrer Unterstützung sicher sein konnte, wenn er von seinen Beutezügen einen gewissen Teil an die arme und darbende Bevölkerung weitergab. Doch irgendwann schlägt immer des Räubers Stund', so eben auch dem Peter von Orb. Man nahm ihn gefangen und mauerte ihn im Wartturm auf dem Molkenberg ein und wollte ihn so den sicheren Hungertod erleiden lassen.

Die Sage will nun wissen, dass der Peter einen Fuchs gezähmt hatte. Dieser folgte der Spur seines Herren, grub sich unter dem Turmfundament hindurch und zeigte so dem edlen Räuber den Weg in die Freiheit. Peter von Orb wurde nach seiner Flucht nie mehr gesehen, doch seine Häscher hatten dennoch einen gewissen Fahndungserfolg. Sie erwischten den Fuchs, schlugen ihn tot, warfen ihn in den von ihm gegrabenen Tunnel und verschlossen den Gang dann mit einem großen Stein – dem heute noch so genannten Fuchsstein.

Von Bad Orb – der ersten Station – führt der »Sagen-Rundweg« auch zu den Schauplätzen anderer Sagen im Orbtal. Der Bad Orber Bildhauer Hans Prasch schuf ein Bronzestandbildnis des Peter, in den Händen eine Flinte, ihm zu Füßen sein Fuchs. 1980 stiftete eine Bank der Kurstadt zu ihrem Jubiläum diese Plastik – in einem Beet steht er nun da, der Peter von Orb, vor diesem Geldinstitut, und so mancher hat sich schon gefragt, ob er die Bank bewacht oder in sie eindringen möchte. Es mag sein, wie es will – dass eine Bank einem Räuber ein Denkmal stiftet, kommt sicher nicht alle Tage vor.

Adresse Untertorplatz 1, 63619 Bad Orb | Anfahrt Von der A 66 die Abfahrt Bad Orb/Wächtersbach nehmen. Von der Frankfurter Straße führt der Weg direkt auf den Untertorplatz. | Tipp Die »Toskana Therme« liegt direkt am Kurpark. Bei einer Entspannungsmusik, dem »Liquid Sound«, im Solewasser schweben – Mensch, was willst du mehr?

12 Das Wasserwerk

Baukunst im Jugendstil und einige Bienenkörbe

Edmond de Goncourt konnte dem Jugendstil nichts abgewinnen. »Ein wahnwitziges Austoben der Scheußlichkeit«, so beschreibt er den »Art nouveau« 1895.

Das Wasserwerk von Mernes konnte er damit nicht gemeint haben. Nicht nur deshalb, weil es erst 1913/1914 kurz vor dem Ersten Weltkrieg gebaut wurde, nein, dieses Industriedenkmal ist von einer eigenwilligen, aber außergewöhnlichen Schönheit. In der imposanten Halle sind noch alle Werkzeuge, Pumpen und historischen Maschinenanlagen in ihrer ursprünglichen Beschaffenheit erhalten. Das Pumpenwärterhaus, einst Wohn- und Dienstgebäude, verfällt dagegen zusehends. Das Wasserwerk versorgte anfänglich das preußische Militär mit Wasser für sein Truppenlager auf der Wegscheide nahe Bad Orb. Der damalige Bürgermeister von Mernes, Hieronymus König, wohl ein Schlitzohr von besonderen Gnaden, sah bei dem Vertrag mit der Militärverwaltung auch eine kostenlose Belieferung der Merneser Einwohner mit Wasser vor – eine Vereinbarung, die bis in die heutige Zeit Bestand hat.

Mernes liegt im Naturpark Hessischer Spessart und gehört seit dem Jahr 1974 zu Bad Soden-Salmünster, das durch seine Thermal-Sole über die Grenzen des Spessarts bekannt ist. An den neu angelegten Kurpark, der mit seinem Fontänengarten speziell am Abend immer wieder fasziniert, grenzt die Spessart-Therme an. Im Kurpark kann man sich auch wieder an die Geschichte der »tapferen Frauen von Salmünster« erinnern. Während der Dreißigjährige Krieg auch im Tal der Kinzig wütete, griffen im Jahre 1646 schwedische Reiter den Ort an. Da Erntezeit war, arbeiteten alle Männer auf den Feldern. Doch die tapferen Frauen der Stadt verbarrikadierten die Stadttore und warfen geistesgegenwärtig Bienenkörbe in Richtung der attackierenden Schweden, die wiederum, durch zahlreiche Insektenstiche traktiert, ihr Heil nur noch in der Flucht sahen.

Salmünster war gerettet.

Adresse 63628 Bad Soden-Salmünster-Mernes, an der Hauptstraße | **Anfahrt** Mernes liegt an der L 3178. Das Wasserwerk findet man von Bad Soden kommend auf der linken Seite der Durchgangsstraße. | **Öffnungszeiten** Keine offiziellen. Auskunft erteilt der Förderverein »Freunde des Merneser Wasserwerks«. www.mernes.de | **Tipp** Das Quellschwimmbad in Mernes mit seinem wunderbar weichen Wasser lädt im Sommer immer wieder zum Baden ein.

13 Das Himbächel-Viadukt

Der Odem von Cary Grant

Wer schon einmal die Strecke von St. Moritz nach Tirano mit dem schweizerischen Bernina-Express gefahren ist, hat sie gespürt, diese Magie einer Zugfahrt durch wildromantisches Terrain. Genauso geht es dem Passagier der Odenwaldbahn auf der Strecke zwischen Erbach und dem badischen Neckarstädtchen Eberbach. Zugegeben, ganz so spektakulär wie die Alpendurchfahrt ist die Fahrt mit den Itino-Zügen zwar nicht, doch führt die gut einstündige Fahrt auch im Odenwald durch eine malerische Landschaft.

Schon kurz nach der Abfahrt überquert die Bahn das spektakuläre Himbächel-Viadukt. Gebaut im Jahre 1881 von Wanderarbeitern, die vornehmlich aus Italien kamen, überspannt das Bauwerk mit über 250 Metern Länge und 43 Metern Höhe das kleine Himbächel-Tal. Nach der Fertigstellung ermöglichte es die Bahnlinie zwischen Darmstadt und Eberbach vielen Menschen, die Distanz deutlich schneller zu bewältigen als mit der Postkutsche. Seit 2010 gilt die eingleisig befahrbare Bogenbrücke als »Historisches Wahrzeichen der Ingenieurbaukunst in Deutschland« und steht unter Denkmalschutz.

Über das Himbächel-Viadukt ist schon allerhand publiziert worden, doch eines wurde noch nie erwähnt: Das Viadukt ist Hollywood-Star.

1949. Sol C. Siegel Produktion. Regie: Howard Hawks. Hauptdarsteller: Cary Grant und Ann Sheridan. Der Film: »I Was a Male War Bride«, zu Deutsch: »Ich war eine männliche Kriegsbraut«. Die Handlung in Kurzform: Grant und Sheridan bekommen den Auftrag, ein militärisches Geheimnis zu lüften, und müssen dazu von Heidelberg am Neckar nach Bad Nauheim reisen. Dabei passieren sie das Himbächel-Viadukt. Das ist zwar nur für einen Wimpernschlag im Film zu sehen, doch wenn man heute vor diesem mächtigen Gemäuer steht, ist man den Legenden Grant, Sheridan und Hawks ganz nahe, versprochen – versuchen Sie es.

Adresse 64743 Beerfelden-Hetzbach | **Anfahrt** Das Viadukt findet man an der B 45 zwischen Erbach und Beerfelden. | **Tipp** Etwa fünf Kilometer entfernt liegt im Mossautal die Privatbrauerei Schmucker mit angeschlossenem Hotel-Restaurant. Direkt aus den Braukesseln fließt das feine Schmucker-Pils aus dem Hahn.

14_Schneckenzucht Herold

Hier schmeckt der Schneck

Helix Aspersa Maxima – an diesem kleinen Getier, der gefleckten Weinbergschnecke, scheiden sich die Geister. Fallen die einen schon bei dem Gedanken daran, dieses Tierchen auch nur in die Nähe ihres Mundes zu bringen, in alle möglichen Spielarten der Hysterie, schnalzen die anderen allein bei der Vorstellung genüsslich mit der Zunge, diese Viecherei mit einer zarten Knoblauch- oder Kräuterbutter, korrespondierend mit einem leichten Grauburgunder, zu verspeisen. Liebhaber dieser Delikatesse assoziieren mit der Weinbergschnecke wohl automatisch Frankreich und insbesondere das Burgund, da man dort wohl die besten Schnecken weltweit essen kann. Doch hat auch der Odenwald nunmehr eine Schneckenzucht.

Hans Herold aus dem Städtchen Hetzbach, unweit der Kreisstadt des Odenwaldkreises Erbach gelegen, musste sich vor einigen Jahren aus gesundheitlichen Gründen beruflich vollkommen neu orientieren und ging das Wagnis ein, etwas Außergewöhnliches zu probieren. Er, Frankreichliebhaber und zur Kategorie der Weinbergschnecken-Verspeiser aus Passion gehörig, kam auf die Idee, in Freilandbeeten Schnecken artgerecht und nach ökologischen Gesichtspunkten zu züchten. In langen Rapsbeeten leben mehrere tausend Weinbergschnecken, dazwischen liegen Bretter, an denen sich die nachtaktiven Tierchen tagsüber festsaugen und von denen sie dann »geerntet« werden.

Der Erfolg gibt dem Pionier-Schneckenfarmer nun, nach nur ein paar Jahren des Experimentierens, recht. Schnecken der Odenwälder Zucht Herold werden bundesweit gegessen. So hat schon so mancher Abholer eines nagelneuen Pkws der Marke mit den zwei Buchstaben in Wolfsburg verwundert geschaut, wenn ihm im Nobelrestaurant die Speisekarte gereicht wurde und er als Vorspeise Weinbergschnecken »aus der Odenwälder Zucht« angeboten bekam. Hans Herold verkauft an die Gastronomie ebenso wie an privat, die Zuchtanlage kann besichtigt werden. Führungen gegen eine kleine Gebühr kann man, nach telefonischer Absprache, buchen. Sie dauern 45 Minuten.

Adresse Schwimmbadstraße 9, 64743 Beerfelden-Hetzbach, Tel: 06068/940764 oder 0151/17208367 | **Anfahrt** Anfahrt: von der B 45 links nach Hetzbach auf die Bahnhofstraße und rechts in die Schwimmbadstraße fahren | **Tipp** Eisenbahnfans aus der gesamten Bundesrepublik kommen nach Hetzbach, um ihn zu sehen: den Krähbergtunnel, Deutschlands längsten eingleisigen Eisenbahntunnel und ein architektonisches Wunderwerk.

15 Parkanlage mit Brunnen

Die »Fraa vun Bensem«

Bensheim ist gewiss eine, wenn nicht *die* Perle der Bergstraße. »Hier fängt Deutschland an, Italien zu werden«, so befand es einmal der Habsburger Kaiser Joseph II. Jemand, der mit Höllengeschwindigkeit auf der Autobahn in Richtung Darmstadt oder Basel unterwegs ist, wird ihn nie einatmen, den Duft der Baumblüte im April und Mai. Carl Julius Weber schrieb und jauchzte: »Selbst das Paradies könnte nicht schöner sein als die Bergstraße.« Dank des milden Klimas kündigen hier blühende Mandel- und Pfirsichbäume als erste in Deutschland das Frühjahr an.

Die sprichwörtlich gewordene Figur der Frau von Bensheim geht, wie so vieles im Dreigestirn Odenwald, Spessart und Bergstraße, auf den Dreißigjährigen Krieg, jene Meisterprobe männlicher Stupidität, zurück. Diese Frau soll bayerischen Truppen einen geheimen Weg in die Stadt gezeigt haben, der es diesen dann ermöglichte, französische und schwedische Truppen aus Bensheim wieder zu vertreiben. Wer da wie und wo im Recht war und wer dann irgendwie und irgendwo vom Regen in die Traufe kam, ist heute nicht mehr zu ermitteln. Wie bei vielen Ereignissen und Schlachten während des großen Krieges zwischen 1618 und 1648 sind die Kampfes-, Feindes-, Sieges- und Niederlagenlinien nicht eindeutig zu erkennen. Das Denkmal für die »Fraa vun Bensem«, als Brunnenfigur aus Keramik gestaltet von dem Auerbacher Künstler Tilmann Zobel, steht auf dem Platz an der Stadtmühle im Zentrum von Bensheim. Und alljährlich beim Bensheimer Winzerfest darf die Figur der Dame im Festzug dabei sein.

»Hinne rim, hinne rim, wie die Fraa vun Bensem« – den Spruch kennt man an der Bergstraße und im Odenwald nur zu gut. Die Bensheimer hören ihn genauso gern wie die Hamburger das gefühlvolle »Hummel, Hummel«. Erinnert werden soll damit an die listige und mutige Frau und die Befreiung der Stadt – ob nun »hinne« oder »vonne rim« bleibt sich dabei egal.

Adresse An der Stadtmühle, 64625 Bensheim | **Anfahrt** Aus Richtung Mittelstadt kommend biegt man am besten gleich am Stadteingang von Bensheim links auf die Platanenallee ab. Nach rund 300 Metern, Ecke Platanenallee/Grieselstraße, führt ein kleines Gässchen zur Adresse »An der Stadtmühle«, Parkmöglichkeiten finden sich entlang der Erbacher Straße. | **Tipp** Der Staatspark Fürstenlager beeindruckt seine Gäste mit dem ältesten Mammutbaumbestand Deutschlands.

16 Schloss Auerbach

Die standhafte Kiefer

Die Feststellung, dass Diether IV. von Katzenelnbogen der Sohn von Diether III. von Katzenelnbogen war, hat eine innere Logik und lässt sich sicher irgendwie nachvollziehen. Bei der Mutter des vierten Diethers wird es schon etwas komplizierter – da streiten sich Ahnenforscher und Historiker darum, ob es nun Bertha von Lichtenberg oder Agnes von Neuenbaumberg war. Sei es, wie es war – Diether IV. muss ein prächtiger Mann gewesen sein. In die Annalen ging er nicht nur als Bauherr von Schloss Lichtenberg im Fischbachtal ein, nein – auch den Kreuzzug um das Jahr 1220 ließ er sich nicht entgehen. Wieder zu Hause hörte gerade das Reichskloster Lorsch auf zu existieren, Machtverhältnisse wurden verschoben, und Diether entschloss sich zum Bau einer Hochburg. Fündig wurde er auf dem kleinen Malchen – dem kleinen Melibokus – oberhalb von Auerbach. Und er baute stabil – mit vier Meter dicken Mauern war die mächtige Wehrburg auch gegen das seit einiger Zeit im Kriegshandwerk gebräuchliche Steingeschütz gewappnet.

Um 1370 wurde die Burganlage von den Grafen von Katzenelnbogen noch einmal erheblich erweitert. Dennoch schafften es die Franzosen im Jahre 1674, die Burg zu zerstören. Das muss der Moment gewesen sein, in dem sich ein Kiefernsamen in die bröckeligen Mauern eingenistet hat. Die Jahre zogen ins Land, die einst so große Burg hatte keine Bedeutung mehr, und das zarte Pflänzchen konnte in Ruhe gedeihen. An Wasser und Licht mangelte es nicht, und so gruben sich die Wurzeln der Kiefer immer tiefer und weiter in das Mauerwerk ein. Heute ist der Baum gute acht Meter hoch und vom Antlitz des Auerbacher Schlosses nicht mehr wegzudenken. Er gilt vielen Menschen heute als ein Symbol für Standhaftigkeit.

Apropos: kaum zu glauben, aber historisch unangreifbar: Nach Diether IV. wurde sein Sohn, genau!, Diether V. Graf von Katzenelnbogen.

Adresse Außerhalb von 64625 Bensheim-Auerbach | **Anfahrt** die Bergstraße in Richtung Zwingenberg fahren, dann am Ortsausgang von Auerbach rechts der Beschilderung Richtung »Schloß« folgen (Navi-Eingabe: »Ernst-Ludwig-Promenade« und dann der Beschilderung folgen) | **Öffnungszeiten** Täglich 10–17 Uhr. In den Wintermonaten sollte man den eingeschränkten Winterdienst beachten. | **Tipp** Das »Nibelungenrittermahl« auf Schloss Auerbach ist ein besonderes Erlebnis. Infos unter Tel. 06251/72923

17 Kernkraftwerk, Block A und Block B

Abschalten!

Joseph Martin Fischer »was not amused«.

Es ist Freitag, der 4. März 1994. Flammen lodern innerhalb der Sicherheitszone 1 im Kernkraftwerk Biblis. Der Hauptkühlpumpenmotor hatte Feuer gefangen, ein Kurzschluss, aber laut Betreiber RWE »kein Problem, ein ganz normaler Störfall«. Doch diese »ganz normalen« Störfälle häufen sich, Hessens grüner Umweltminister Fischer kündigt, mal wieder, die Stilllegung von Biblis A an.

Das KKW Biblis gehört zu den ältesten Atommeilern in Deutschland. Block A wurde 1970, Block B 1972 gebaut. Beide Blöcke sind Druckwasserreaktoren, enorm leistungsfähig, aber mit über 190 Brennelementen mit 45.000 Brennstäben, angereichert mit 100 Tonnen Uranoxid, auch Super-Dreckschleudern erster Güte. Denn bundesweit gibt es bis heute kein Endlager für abgebrannte Uranbrennstäbe. In Biblis hat man 2006 eine Halle gebaut, groß genug, um gut 130 Castorbehälter darin lagern zu können. Die Abschaltung von Biblis A und B war in der Regierungszeit von Gerhard Schröder und Joschka Fischer auf die Jahre 2009 und 2010 terminiert worden, die starke Atomlobby machte daraus schnell das Jahr 2020.

Der 11. März 2011 brachte die Wende. Die Unfallserie im japanischen Kernkraftwerk Fukushima Daiichi ließ auch bundesdeutsche Politiker umdenken, Lobbyisten der Atomindustrie und der großen Energieunternehmen hatten, wohl zum ersten Mal, ihre Macht verloren. Ex-Bundespräsident Wulff unterzeichnete im August 2011 das Gesetz zum Atomausstieg. Biblis A wurde sofort abgeschaltet, Block B, gerade in Wartungsarbeiten, ging nicht wieder ans Netz. Über 400 meldepflichtige Zwischenfälle hatte es in Biblis gegeben, aber erst nach der Atomkatastrophe in Fernost beschloss die Regierung, die ältesten Meiler stillzulegen. Fukushima liegt am anderen Ende der Welt. Fukushima hätte sich aber auch im hessischen Ried zutragen können.

Adresse RWE Power AG, Kraftwerk Biblis, 68647 Biblis | **Anfahrt** Von Biblis kommend liegt das KKW etwas abseits der Landstraße 3261 in Richtung Wattenheim. | **Tipp** Das Info-Zentrum in Biblis mit der Dauerausstellung »Erlebnis Energie« erklärt sehr anschaulich, wie unser Strom aus der Steckdose kommt. Öffnungszeiten: Mittwoch und Donnerstag von 9.30–16 Uhr.

18 Die Obstwiesenroute

Knackig und saftig, so muss es sein

Streuobstwiesen sind zuerst einmal Landschaften, in denen der Hochstamm-Obstbau sowie Obstwiesen ohne Einsatz synthetischer Behandlungsmittel gepflegt werden.

So weit, in der Theorie, der Brockhaus.

In der Praxis ist alles weitaus leidenschaftlicher. Schon im Frühling, während der Baumblüte, liegt ein wohlig-fruchtiger Geruch in der Luft, und die Farben der erblühenden Apfel- oder Kirschbäume sind einem Gemälde van Goghs nicht unähnlich.

Die Mitglieder der Aktion »Streuobstregion Odenwald«, ihre Mitstreiter von der Bergstraße und auch die Freunde des Obstkulturparks Bayerischer Untermain haben sich dem Erhalt des heimischen Obstes und der alten Obstsorten verschrieben. Sie wollen nur Obst ernten, das aus der Region stammt. Unterstützt werden auch Projekte wie die Apfel- und Obstwiesenrouten, die auf mehreren Strecken durch den Odenwald führen.

Dass alte Sorten auch um ein Vielfaches gesünder sind als unter Einsatz von Dünger und Pflanzenschutzmitteln gezogenes Obst aus Monokulturen, bedarf keiner ausdrücklichen Erwähnung. Äpfel aus Hochleistungsplantagen mit Kunstnamen wie Pink Lady oder Fuji sind wahren Obstwiesenfreunden ein Graus. Echte heimische Sorten heißen »Wöbers Rambour«, »Goldrenette von Blenheim« oder »Berlepsch«. Besondere Aufmerksamkeit finden auch Obstsorten, die speziell für die rauen Lagen der Landschaftsregion ideal sind und die hiesigen klimatischen Bedingungen am besten vertragen: der Mostapfel »Himbacher Grüner«, die »Pastorenbirne«, die »Hedelfinger Riesenkirsche« oder die »Edel-Eberesche«.

Es sind die ursprünglichen Obstsorten, die einen wahren, ehrlichen und obstigen Genuss versprechen. Einfach mal hineinbeißen in eine dieser Apfelsorten, vielleicht eine »Sternrenette«. Die feste Schale leistet zuerst einigen Widerstand, doch dann ist er da, dieser leicht säuerliche, aber sehr angenehme, volle Apfelgeschmack. (Wunderbar!)

Adresse 64395 Brensbach-Affhöllerbach | Anfahrt von Brensbach die B 38 in Richtung Reichelsheim fahren, an der ersten Ampel links nach Nieder-Kainsbach und dort in der ersten Kurve scharf nach links in Richtung Affhöllerbach abbiegen | Tipp Die Kelterei Himmelheber, Darmstädter Straße 53, 64395 Brensbach, steht seit Generationen für äußerst süffigen Apfelwein.

19 Die Burg …

… und der »Breilecker«

Der Breilecker ist nicht zu übersehen. Gleich wenn der Besucher der Burg Breuberg über die Steinbrücke tritt, sieht er diesen Spott- oder Neidkopf, der dem Gast neben dem Burgtor ungeniert die Zunge herausstreckt. Diese Köpfe findet man sehr oft an Mauern oder Türen von mittelalterlichen Gebäuden, sie sollen das Böse abwehren – ein heidnischer Brauch, wohl keltischen Ursprungs.

Volkstümlich erklärt die Sage den Ursprung: Während einer Belagerung der Burg Breuberg ergab es sich, dass eine Kanonenkugel gegen den Turm prallte und in einen Topf voll Hirsebrei fiel. Doch die unerschrockenen Breuberger, allen voran ein Scherzbold namens Werner, verulkten ihre Feinde vor dem Tor, Werner leckte sogar den vergossenen Brei vom Boden auf, stieg auf die Brüstung und streckte den Belagerern die Zunge heraus. Ein in der Burg anwesender Steinmetz meißelte sofort aus einem Stein den Kopf des Werner, der nur noch der »Breilecker« genannt wurde. Hatte ein Belagerer die äußere Befestigung überwunden, sah er sich einem tiefen Burggraben und einer Zugbrücke gegenüber – und schadenfroh grinste ihn der Spottkopf an. Auch heute noch kann die Burg bei geschlossenem Tore niemand betreten, und der Breilecker verhöhnt jeden Versuch. Die verriegelte Tür kann nur öffnen, wer einen dicken Ring aus Eisen durchbeißt, denn der Volksmund sagt, dann gehört ihm auch die Burg – das aber ist Generationen von Kindern und Erwachsenen bis heute nicht gelungen.

Die Burg Breuberg ist eine der am besten erhaltenen Burganlagen im südlichen Hessen, ein Areal, das Kinder und Jugendliche gleichermaßen anzieht. Heute wird »der Breiberg« hauptsächlich als Jugendherberge genutzt. Ein Schild erinnert seit jüngerer Zeit an ein dunkles Kapitel: In den Jahren 1943–1945 war die Burg ein Lager für Kriegsgefangene und Zwangsarbeiter. Einige gemeißelte Inschriften auf den Zinnen des Bergfrieds in kyrillischen Zeichen erinnern an die Gefangenen aus der damaligen Sowjetunion.

Adresse Burg Breuberg, 64747 Breuberg | Anfahrt Man passiert die Veith-Pirelli Werke in Richtung Neustadt – dann folgt man auf der linken Seite der Ausschilderung zur Burg Breuberg. | Öffnungszeiten Ein Großteil der Burg ist das ganze Jahr offen. Das Burgmuseum und bestimmte Teile der Burg können aber nur in Verbindung mit einer Führung angeschaut werden. Führungen Mitte März – Mitte Okt. Sa 13.30, 14.45 Uhr, So und feiertags 16 Uhr. Infos: www.burg-breuberg.de | Tipp Der Mümlingradweg zieht sich idyllisch von Obernburg am Main bis nach Hirschhorn am Neckar.

20 Der Wohnort von Frau Holle

Wie das Christkind in den Odenwald kam

Die Gebrüder Grimm und das Märchen von der »Frau Holle« gehören zusammen. Die Geschichte um das arme Stiefkind, das in einen Brunnen springt, um eine verlorene Spindel zu finden, auf Frau Holle trifft, in ihre Dienste tritt und Betten aufschüttelt und es somit auf Erden schneien lässt, ist sattsam bekannt. Interpretationen zu diesem Märchen gibt es ebenfalls zuhauf. So erklärt zum Beispiel der Theologe und Psychoanalytiker Eugen Drewermann diese Geschichte von einer Frau, die die Braven und Fleißigen belohnt und den Faulen und Bösen den Dreck vor die Türe kehrt, in dem Sinne, dass sie die scheinbare Unordnung und Ungerechtigkeit des Seins erläutere.

Doch haben die Gebrüder Grimm nicht das Exklusivrecht an der »Frau Holle«. Das Märchen ist in zahlreichen Mittelgebirgsgegenden verbreitet. Auch die Einheimischen des kleinen Luftkurorts Böllstein im Odenwald kennen dieses Märchen genau, lokalisiert eine ansonsten wenig bekannte Fassung von Luise Büchner den Wohnort der Sagengestalt doch sehr präzise an einem Ort ganz in der Nähe, einem kleinen Waldstück mit einigen Felsbrocken. »Vor ganz undenklich langer Zeit, da gab es noch gar kein Christkindchen, sondern nur eine Frau Holle, die wohnte nicht weit von uns auf der höchsten Spitze der Odenwaldberge, auf der kalten, windigen Böllsteinerhöhe.«

Dieser Auszug stammt aus der »Geschichte von der Frau Holle«, wie sie die Schriftstellerin und Frauenrechtlerin als Weihnachtsmärchen für Kinder aufzeichnete – gewidmet ist das Buch ihren Nichten und Neffen. Autodidaktisch hatte sie sich umfangreiches Wissen in Literatur, Mythologie und Geschichte angeeignet. Ihre politische Schrift »Frauen und ihr Beruf« erlebte mehrere Auflagen, doch Luise Büchner ist heute nur noch wenigen bekannt – im Gegensatz zu ihrem Bruder Georg Büchner, dem Autoren des »Danton« und »Woyzeck«.

Adresse 64753 Brombachtal-Böllstein | **Anfahrt** Bei Brensbach verlässt man die B 38 Richtung Böllstein. Die landschaftlich sehr reizvolle Strecke führt nach wenigen Kilometern auf die windige Böllsteiner Höhe. | **Tipp** Einen Abstecher in den Brombachtaler Ortsteil Kirchbrombach sollte man allein schon wegen der evangelischen Kirche und dem darin befindlichen Flügelaltar des heiligen St. Alban machen.

21 Das Bezirksmuseum Buchen

Der Schlachtenmaler Wilhelm Emelé

Das Bezirksmuseum zu Buchen ist ein Kleinod – beeindruckend und unvergesslich bleiben hier die Bilder von Wilhelm Emelé. Am 30. Mai 1830 dort als Sohn des Gastwirts, dem der weit über das Städtchen hinaus bekannte »Riesen« gehörte, geboren, ging er 1851 an die Münchener Kunstakademie. Das Glück des Tüchtigen war es wohl, das ihm die Bekanntschaft des etablierten Monumentalmalers Moritz von Schwind einbrachte, der ihn in seinen ersten Münchener Jahren kräftig förderte. Von Schwind war es auch, der Emelé dem Schlachtenmaler Feodor Dietz empfahl. Dietz stammte ebenfalls aus dem badischen Odenwald, aus Neunstetten im Hohenlohekreis. Diese örtliche Verbundenheit vereinfachte die Verbindung von Dietz und Emelé enorm, und der junge Wilhelm konnte bei Dietz sein Talent durch Handwerk perfektionieren.

Schon bald galt er, wie sein Lehrmeister, als herausragender Schlachten- und Historienmaler, seine naturgetreuen Abbildungen von Pferden und Soldaten in ihren Uniformen waren meisterhaft. Auf seinen Studienreisen nach Antwerpen und Paris lernte er von den großen Meistern vergangener Jahrhunderte und hatte seine ersten Erfolge mit Gemälden des Dreißigjährigen Kriegs. Die Zeitgenossen Emelés bewunderten immer wieder die militärischen Details und die historischen Kenntnisse des Malers, der aber auch auf scheinbare Kleinigkeiten, wie die genaue Darstellung von Nebenhandlungen oder kleinen Nebenszenen mit Hühnern oder Kühen, enormen Wert legte.

Ruhm erlangte Emelé insbesondere in der Pferdemalerei, sein Name war bald auch jenseits Deutschlands ein Begriff, und Europas Kaiser, Könige und Adlige gaben Reiterporträts oder die Darstellung ganzer Jagdgesellschaften bei ihm in Auftrag. Diese Verbindungen in höchste Adelskreise machten den Maler selbstbewusst und auch reich.

Wilhelm Emelé starb fast erblindet 1905 in Freiburg.

Adresse Bezirksmuseum Buchen, Kellereistraße 25-29, 74722 Buchen | **Anfahrt** Vom Bahnhof kommend in die Straße »Am Haag« links einbiegen und den Altstadtparkplatz ansteuern. Es sind dann nur noch wenige Schritte zum Museum. | **Öffnungszeiten** Von Mai–Aug. Sonn- und feiertags 14–17 Uhr, mittwochs 17-19.30 Uhr, Sept–April 1. Sonntag im Monat 14–17 Uhr und mittwochs 17–19.30 Uhr, www.bezirksmuseum.de | **Tipp** Die Heimatbücherei »Zwischen Neckar und Main« beeindruckt selbst verwöhnte Bibliotheksbesucher durch ihre einzigartigen Bestände.

22 Der jüdische Friedhof …

… und die Bücherei des Judentums

Ganz am Ostrand des Odenwalds liegt das badische Dorf Bödigheim. Zu Füßen der Rüdtschen Burg befindet sich der jüdische Friedhof am westlichen Dorfausgang. Schon im Jahre 1345 erteilte Kaiser Ludwig der Bayer dem Ritter Popo Rüdt von Collenberg das Recht, Menschen jüdischen Glaubens ein Zuzugsrecht zu gewähren, »die ihm dann zu Dienste stehen« sollten. Der Radius der jüdischen Ansiedlungen nahm von Jahrzehnt zu Jahrzehnt zu, letztendlich waren es 30 Orte in der weiteren Umgebung von Bödigheim, in denen Juden ansässig wurden. Parallel dazu wuchs der Friedhof des Orts als zentrale Ruhestätte dieser Glaubensgemeinschaft an. Annähernd 4.000 Bestattungen sind dokumentiert, zuletzt fanden sich auf dem Friedhof noch etwa 1.500 Grabstätten – die ältesten Grabsteine stammen aus dem 18. Jahrhundert.

Über dieser Kulturstätte, dieser in Stein gemeißelten, Jahrhunderte alten Geschichte, liegt eine gewaltige Magie. Auch nur über den Zaun beobachtet, der Friedhof ist nur mit Einschränkungen zu betreten, ziehen einen die Grabmäler, die von Hunderten von menschlichen Schicksalen Zeugnis ablegen, in den Bann. Dass der stimmungsvolle und altehrwürdige Friedhof auch die NS-Zeit überdauerte, ist nicht selbstverständlich, an vielen anderen Orten kam es zur zwangsweisen Auflösung und völligen Zerstörung.

Mit der »Bücherei des Judentums« hat auch Buchen ein Kleinod in seinen Stadtmauern. 1998 übergab Pfarrer Herbert Duffner der Stadt seine Sammlung von 5.000 Bänden über die jüdische Geschichte und das jüdische Alltagsleben. Im »Beginen-Klösterle« mitten in der Altstadt fand diese einzigartige Bibliothek ihr Zuhause. Schon in den 1950er Jahren begann Pfarrer Duffner, sich intensiv mit der jüdischen Geschichte zu beschäftigen. Seine privaten Forschungen, speziell auch zum Holocaust, können nun Interessierte, Wissenschaftler wie Privatpersonen, anhand seiner Bibliothek weiterführen.

Adresse Am Römer 27, 74722 Buchen-Bödigheim | **Anfahrt** In Bödigheim folgt man der Ausschilderung Richtung Friedhof. Ein kleiner Fußweg Richtung Waldhausen führt zu den jüdischen Gräbern, die abgeschieden, in einem kleinen Waldstück, zu finden sind. | **Öffnungszeiten** Der Friedhof ist nur sehr eingeschränkt und nach Absprache mit der Friedhofsverwaltung zugänglich. www.buchen.de | **Tipp** Wer sich umfassend über die jüdische Geschichte informieren will, ist in der Buchener »Bücherei des Judentums« an der richtigen Stelle.

23 Die Malerkolonie

Worpswede im Odenwald

Es war mit Sicherheit ein sehr buntes Völkchen, das sich da traf. Mit ein wenig Phantasie kann man sich vorstellen, was gestandene Odenwälder Bauern im Jahre 1905 dachten, wenn sie auf die Mitglieder der Malerkolonie trafen. Egal, in welchem schlauen Buch man nachschlägt, es findet sich immer wieder die Eintragung, dass die Herren in Hollerbach gemalt, gejagt, Sport getrieben und musiziert haben – nacheinander hoffentlich, aber immerhin. Dieses Völkchen war ein singendes, reimendes, tanzendes und malendes Eroticon.

Der 1883 geborene Arthur Grimm, gerne auch als der »Odenwald-Maler« bezeichnet, und der fast 20 Jahre ältere Franz Wallischek gründeten 1905 die »Hollerbacher Malerkolonie«. Wallischek kam vor Grimm nach Hollerbach, wohl weil er 1898 die in der Nähe gelegene Kirche von Mudau ausgemalt hatte. Nachdem Arthur Grimm zu ihm gestoßen war, kamen noch fünf weitere Studenten aus dem Karlsruher Akademiekreis dazu: Rudi Burckhardt, Wilhelm Guntermann, Harold Bruntsch, Waldemar Coste und der Däne Ejner Quaade.

Die Kunstgeschichte nennt die »Hollerbacher« in einer Linie mit den weitaus prominenteren Malerkollegen aus Worpswede oder der Höri am Bodensee. Wie diese entflohen auch Grimm, Wallischek und Co. aus der Tristesse der Städte in eine, vermeintliche, Idylle. Weit ab vom Dreck, Gestank und der Hektik der modernen Großstädte wollten sie mit und in einer unverfälschten Natur leben und arbeiten. Obwohl die Bauern des Ortes kaum verstanden haben werden, was die Städter da so trieben, saß so mancher Landwirt den Malern Modell, und die Landschaft um Buchen war ebenso Motiv und Inspiration für viele Bilder der Künstler. Der Erste Weltkrieg beendete die produktive Atmosphäre. Obwohl die Kolonie im Jahre 1914 aufgelöst wurde, blieben drei der Maler dem Odenwald treu und lebten hier bis nach dem Zweiten Weltkrieg, immer wieder besucht von den Freunden und Kollegen von damals.

Adresse 74722 Buchen-Hollerbach | **Anfahrt** Hollerbach zu finden kann variantenreich sein. So geht es recht unkompliziert: Buchen über die B 27 Richtung Mosbach verlassen, dann rechts Richtung Mudau, danach gleich wieder rechts Richtung Oberneudorf nach Hollerbach. | **Tipp** Eine besondere Location in Buchen ist das Hotel »Prinz Carl« mit den von Stararchitekt Egon Eiermann konzipierten Zimmern.

24 Das »Rienecker Tor«

Es kann eng werden in Burgsinn

Die Gründung der Marktgemeinde Burgsinn dürfte annähernd in die Zeit Karl des Großen fallen. Eng verbunden mit der Geschichte Burgsinns ist das Geschlecht der Grafen von Rieneck. Neben umfangreichen Besitztümern am Rhein gehörte dem Grafenhause auch einiges Territorium um Lohr, Gemünden und Karlstadt am Main. Der Ort Burgsinn soll laut einer Chronik komplett von einer Mauer umgeben gewesen sein, der genaue Verlauf lässt sich heute kaum mehr erahnen. Übrig geblieben ist von diesem Schutzwall letztendlich nur das sogenannte »Rienecker Tor«. Noch um das Jahr 1750 waren drei ähnliche Tore vorhanden, diese wurden jedoch im Laufe des 19. Jahrhunderts abgebaut – das immer stärkere Verkehrsaufkommen machte diese Art der Verkehrsplanung schon in der Frühzeit der Motorisierung notwendig.

Fast überall in Europa wurden die alten Stadtbefestigungen geschliffen, nur selten blieben Teile der Tore und Mauern erhalten. In Burgsinn stehen geblieben ist ein massiver Turm, dreigeschossig mit einem Rundbogen. Durch ihn fließt heute der ganz normale Straßenverkehr. Immer wieder wurde das Tor von Fahrzeugen beschädigt, es war schon ein gewisses fahrerisches Können vonnöten, um dieses Nadelöhr zu passieren. In den 1990er Jahren legte man daher die Durchfahrt durch das »Rienecker Tor« tiefer. Dennoch, auch wenn sich der Reise- oder Linienbus durch das enge Tor quälen muss, sollte man die Anfahrt nicht scheuen. Burgsinn bietet neben altem und neuem Schloss sowie dem Fronhofer Schlösschen – zugehörig den Freiherren von Thüngen – eine erholsame und entspannte Atmosphäre. Der Sinngrund ist die drittgrößte Waldgemeinde in Bayern. An der Mündung der Aura in die Sinn lässt es sich verweilen und ganz prächtig erholen.

Ach so, bevor die Frage überhaupt auftaucht: Noch jeder Bus, der das »Rienecker Tor« passiert hat, hat aus Burgsinn auch wieder herausgefunden.

Adresse Staatsstraße 2303, von Gemünd kommend am Ortseingang, 97775 Burgsinn | **Anfahrt** Von der »Perle des Spessarts«, der Stadt Lohr, fährt man Richtung Gemünden am Main. Kurz davor biegt man ab ins Jossatal, fährt durch Rieneck hindurch und erreicht nach wenigen Kilometern, nachdem man das »Rienecker Tor« passiert hat, Burgsinn. | **Tipp** Die Burg Rieneck in Rieneck thront über der Stadt und ist heute ein Refugium der Pfadfinderinnen und Pfadfinder Europas.

25 Die Firma Merck

Apotheker wird Industriegigant

Die Merck KGaA (was zum einen so viel wie Kommanditgesellschaft auf Aktien bedeutet und zum anderen, dass es leider unmöglich ist, dieses komplizierte Konstrukt auf wenigen Zeilen zu erklären) hat bis zum heutigen Tage in der Region Südhessen eine tiefe Verwurzelung. War man im Ruhrgebiet über Jahrzehnte stolzer »Kruppianer«, erklären die bei Merck beschäftigten Arbeitnehmer auch heute noch voller Stolz, sie »schaffe beis Mercks« oder »ins Mercks«.

Die Geschichte der Firma Merck geht zurück auf das Jahr 1668. Damals erwarb der in Schweinfurt geborene Friedrich Jacob Merck die Engel-Apotheke am Schlossgraben in Darmstadt. F. J. Merck, der keine eigenen Nachkommen hatte, bestimmte seinen Neffen Georg Friedrich Merck zum Nachfolger. Auch heute ist diese Apotheke in Darmstadt noch im Familienbesitz, und man kann sie ohne Weiteres als die Geburtsstätte des ältesten pharmazeutisch-chemischen Unternehmens der Welt bezeichnen.

Seit 1904 befindet sich der Hauptsitz der weltweit operierenden Merck-Gruppe an seinem jetzigen Standort vor den Toren des Darmstädter Stadtteils Arheiligen – eine Expansion in der Innenstadtlage war nicht mehr möglich gewesen. Ein Beispiel für die weltweite, aktuelle Forschung nach neuen Medikamenten innerhalb der Merck-Gruppe ist die Schistosomiasis-Forschung. Die Wurmkrankheit, auch Bilharziose genannt, ist nach der Malaria die zweithäufigste Tropenkrankheit und sehr gefährlich. An Bilharziose sterben weltweit rund 280.000 Menschen jährlich. Die Wurmkrankheit, ausgelöst von Pärchenegeln (so genannt weil sich immer zwei davon in den menschlichen Blutgefäßen umschlingen), verursacht Krankheiten vom Blasenkrebs bis hin zur Leberfibrose – also ein weites Feld für die Merck-Pharmaforschung. Neben verschreibungspflichtigen Arzneien wurden Spezialchemikalien für Technologien wie die Produktion von Displays zum zweiten Standbein des Unternehmens.

Adresse Frankfurter Straße 250, 64293 Darmstadt | **Anfahrt** vom Nordbahnhof fünf Minuten Fußweg zum Besucherzentrum »Pyramide« | **Öffnungszeiten** Besuche für Gruppen nach Voranmeldung. Info unter Tel. 06150/727111 | **Tipp** Im bayerischen Biergarten »Zum Scheinheil'gen«, Kastanienallee 4, unter alten, knorrigen Kastanienbäumen, kann man den Tag ganz entspannt ausklingen lassen.

26 Die Woog-Insel

Eldorado für Schlammbeißer

An sich ist es ja so – und das ist nachlesbar in jedem Handbuch der Biologie –, dass ein Schlammbeißer einen walzenförmigen Körperbau hat, am Bauch orange bis rötlich gefärbt ist, sich nachtaktiv gibt und bei Gewitter an der Wasseroberfläche nach Luft schnappt, weil der Sauerstoffgehalt des Wassers bei steigender Temperatur und fallendem Luftdruck abnimmt. Keines dieser Merkmale lässt sich nun bei den enthusiastischen Schwimmern nachweisen, die bei jedem Wetter einen der schönsten Badeseen in Südhessen aufsuchen.

Die Darmstädter Schlammbeißer fanden im Jahre 1911 zusammen, damals noch unter dem bezeichnenden Namen »Die Wasserratten«. Allen Mitgliedern des Schwimmclubs, Männern wie Frauen (denen es bemerkenswerterweise erst seit 1974 erlaubt ist, Mitglied zu werden), ist eines gemeinsam: die Liebe zu ihrem Naturbadesee, dem »Woog«.

Dieser liegt im Zentrum der Stadt und ist eine Insel der Ruhe und Abgeschiedenheit, 60.000 Quadratmeter groß, mit einer mittleren Wassertiefe von zwei Metern. Angelegt wurde der »Woog« im 16. Jahrhundert als Löschteich, erst um das Jahr 1820 wurde er als Badeteich entdeckt, gespeist wird er von mehreren Quellen aus dem Odenwald. Natur pur ist das Markenzeichen des Sees, ist er doch mit seiner Schilfbewachsung auch ein Paradies für Enten, Haubentaucher, Blesshühner, Wildgänse und Graureiher.

Die Wasserqualität des Sees ist, wie ständige Kontrollen beweisen, sehr gut. Doch gibt es, wie bei den meisten stehenden Gewässern, das Problem der Nährstoffübersättigung speziell durch Phosphor. Dass dieses bekannte Problem sich nicht zu einem ernsthaften Schaden für den »Woog« ausgestaltet, darüber wachen neben den »Schlammbeißern« auch deren Brüder im Geiste, die »Woogsfreunde« – alle ehrenamtlich und zum Wohle des Sees und der Badenden, die jeden Tag den traumhaften Blick von der »Woog-Insel« zum nahen Hochzeitsturm genießen.

Adresse Badestelle »Familienbad«: Landgraf-Georg-Straße 121, 64287 Darmstadt; Badestelle »Insel«: Heinrich-Fuhr-Straße 20, 64287 Darmstadt | **Anfahrt** Vom Luisenplatz in Darmstadt erreicht man den Haupteingang zum Woog (»Familienbad«) mit der Straßenbahnlinie L Richtung Ostbahnhof, Haltestelle »Woog«. Die Woog-Insel ist dann auch schwimmend gut erreichbar. | **Öffnungszeiten** Mai–Sep. 9–20 Uhr | **Tipp** Darmstadt ohne sein Gesamtkunstwerk »Mathildenhöhe« ist undenkbar und stets ein lohnender Abstecher.

27 August-Euler-Flugplatz

Die Fluglizenz Nr. 1

Nicht in Berlin, nicht in Hamburg, Köln oder München wurde der erste deutsche Flugplatz gegründet, sondern im vergleichsweise kleinstädtisch-beschaulichen Darmstadt im südlichen Hessen. Der Flugpionier August Heinrich Euler pachtete im Jahre 1908 einen Teil eines Truppenübungsplatzes am Griesheimer Sand, baute darauf die Euler-Flugmaschinenwerke als erste deutsche Fabrik für Motorflugzeuge und ließ ein Flugfeld anlegen.

Im Jahre 1910 erhielt er, nachdem eine international gültige Pilotenprüfung amtlich vorgeschrieben wurde, das »Flugzeugführerpatent Deutschland 1«. Luftfahrtgeschichte hat August Euler mehrfach geschrieben, dennoch war das Jahr 1912 auch für ihn ein besonderes. Der Doppeldecker »Gelber Hund« absolvierte am 10. Juni den ersten Luftpostflug von Frankfurt über Darmstadt, Worms, Mainz und zurück. Doch nicht nur als Flugzeugfabrikant und Konstrukteur hatte Euler einen wohlklingenden Namen, sondern auch als Fluglehrer. Über 70 Flugschüler erlernten bei ihm die Kunst der Fliegerei – dabei ein so prominenter Name wie Prinz Heinrich von Preußen, der Bruder von Kaiser Wilhelm II.

Der Flugplatz wird heute von der Technischen Universität Darmstadt umfangreich genutzt. Geflogen wird dabei, wenn überhaupt, nur noch zu Forschungszwecken. Die Einrichtungen stehen dabei auf drei verschiedenen Standbeinen: Bildung, Forschung und Naturschutz. Lehrkräfte der TU vermitteln hierbei ein umfangreiches Wissen über Luftfahrtgeschichte, aber es wird auch in diversen Windkanälen über Aerodynamik und Strömungslehre geforscht. Und da ein großer Teil des Geländes seit Mitte der 1990er Jahre unter Naturschutz steht, haben auch die Biologen der TU hier ihr Aufgabengebiet.

Die Leistungen und den Menschen August Euler soll nun möglichst bald ein Museum würdigen. Ein schönes Vorhaben des rührigen Fördervereins und hoffentlich keine allzu lange (Flug-)Reise mehr.

Adresse Flughafenstraße, 64347 Darmstadt-Griesheim | **Anfahrt** Die Straßenbahnlinien 4 und 9 fahren von Darmstadt nach Griesheim, Haltestelle: Flughafenstraße. | **Öffnungszeiten** Besuch und eine Führung nach Anmeldung beim Förderverein August-Euler-Luftfahrtmuseum e.V., Herr Burkhard Fiebig, www.august-euler-museum.de | **Tipp** Staatstheater Darmstadt, Georg-Büchner-Platz 1. Die großen Zeiten der Intendanz von Gustav Rudolf Sellner sind zwar vorbei, doch der Spielplan in Darmstadt ist immer noch bemerkenswert.

28 Der Schlosspark

Geheimrat Goethe kündigt sich an

Selbst zur Vorfrühlingszeit hat der Garten seinen besonderen Reiz. Stehen Ende März nur einige Krokusse schon in voller Blüte, ahnt man, was sich hier wenige Wochen später für eine florale Pracht entfalten wird.

Spontan denkt man sich zurück in das 18. Jahrhundert, zu der Zeit, in der der Park seine größte Ausdehnung hatte. Gute 25 Hektar groß, umsäumt von Alleen und kleinen Lusthäusern (wobei gleich richtig gestellt werden sollte, das man in jenen Tagen »Lusthäuser« als kleine Pavillons ansah, in denen man seine Teegesellschaften, sein Binokelspiel oder auch kleine musikalische Soireen abhielt – in keinem Fall ist der Begriff im Sinne von »Freudenhaus« misszuverstehen).

Die Gartenarchitekten hatten damals ein prächtiges Betätigungsfeld vorgefunden. Die Adelsfamilie von Groschlag, Besitzer des Territoriums, gaben den Parkspezialisten freie Hand, und so entstand ein einmaliges Kleinod aus französischen, englischen und fernöstlichen Pflanzstilelementen. Das diese Anlage in den feinen und adligen Kreisen schnell ins Gespräch kam – durch reine Mund-zu-Mund-Propaganda, denn die Yellow-Press-Blätter sollten ja erst einige Jahrhunderte später die Menschheit heimsuchen –, lässt sich denken.

Ganz hoher Besuch kam zur Jahreswende 1779 auf 1780 nach Dieburg. Der Verfasser des »Götz von Berlichingen«, des »Werther« oder der »Wilhelm Meister«-Romane hatte sich angesagt und verbrachte hier die Silvesternacht. Goethe soll sich in der Park- und Gartenstadt an der Gersprenz sehr wohl gefühlt haben. Die Anlage selbst beeindruckte den Geheimrat schwer, denn nach seinem Besuch kam es zu einem intensiven Schriftverkehr zwischen Goethe und den Groschlags, und bei der Erweiterung des Gartenareals hielt man sich an den einen und anderen Gartentipp vom Großmeister aus Weimar, der auch heute noch erahnt werden kann.

Adresse Goethestrasse Anfahrt von der B26 die Ausfahrt Dieburg, Groß-Zimmern nehmen, dann im Kreisverkehr die erste Abfahrt Richtung Dieburg, um dann am nächsten Kreisverkehr die dritte Abfahrt in die Schwimmbadstraße zu fahren, von dieser links in die Konrad-Adenauer-Straße | **Öffnungszeiten** Der Park ist jederzeit zugänglich. | **Tipp** Wenn man wissen will, wie das Urpferdchen in der Kratersee kam, dann sollte man unbedingt das Weltkulturerbe Grube Messel besuchen.

29 Sgraffito-Malereien

Kratzmalereien in der Altstadt

Der Eberbacher Künstler Richard Hemberger gab der Altstadt eine unverwechselbare, sehr farbige Atmosphäre. Hemberger schuf 1934 die Vorderfront des Hotels »Karpfen«. In der historischen »Sgraffito«-Technik erzählt er in 14 Bildern die Geschichte Eberbachs.

»Sgraffito«-Malereien kennt man in Italien schon seit der Renaissance, speziell zum Dekorieren von Häuserfassaden finden sie Anwendung. Die komplette Technik zu beschreiben, würde den Rahmen sprengen, deshalb das Ganze kurz in Form eines Oetker-Rezepts: Man nehme einen Kalkgrund, färbe ihn mit einer Grundfarbe ein und trage alles auf die Fassade auf. Danach auf diesen Träger eine zweite Putzschicht geben, diese kann ebenfalls eingefärbt werden. Jetzt kann man mit Messern oder Schlingen nach und nach diverse Schichten »sgraffiaren« (italienisch für »kratzen«) und erhält durch diese spezielle Technik eine reliefartige Struktur und eine sehr kontrastreiche Farbwirkung.

Schlendert man durch die Altstadt von Eberbach, findet man noch an weiteren Häusern Motive in dieser alten Kratztechnik. Am ältesten Gasthaus der Stadt, der »Wirtschaft zum Krabbenstein«, war auch wieder Richard Hemberger am Werke. Hier hat er die Fassade in der Oberen Badstraße mit jahrhundertealten Berufen und den dazugehörigen Zünften ausgestaltet. Alles, was für Eberbach wichtig ist und war in Handel und Gewerbe, ist abgebildet: Vom Schiffbauer oder Nagelschmied bis hin zum Ziegelmacher ist alles vertreten.

Die Eberbacher selbst werden gerne mit einem Spitznamen bedacht: »die Kuckucke«. Das hat mit einem etwas sonderbaren Rechtsstreit aus dem Jahre 1604 zu tun. Dabei soll einem Gast im Wirtshaus anstelle der bestellten gebratenen Taube ein Kuckuck serviert worden sein. Mahlzeit!

Am letzten Augustwochenende feiert man in Eberbach heute den »Kuckucksmarkt« – ganz traditionell mit Bratwurst, Pommes, Bier und manch süßer Leckerei.

Adresse 69412 Eberbach | Anfahrt Eberbach liegt von Heidelberg oder Heilbronn aus direkt an der B 37. Die Wandmalereien sind bei einem Bummel durch die Eberbacher Altstadt an mehreren Häusern zu entdecken. | Tipp Eine kleine Neckarreise mit der Eberbacher Personenschifffahrt ist ein Spaß für große und kleine Passagiere, Tel. 06271/4071085, www.eps-kappes.de.

30 Schloss Dallau

Die Veste Talheim

In den Jahren zwischen 1967 und 1978 haben die alten Bundesländer die Anzahl ihrer Gemeinden drastisch reduziert. Das Konstrukt, von Normalbürgern schlicht »Eingemeindung« genannt, nennt sich offiziell »Gebietsreform« und sollte unter anderem einen Synergieeffekt bewirken – was immer das auch heißen sollte. In jedem Fall bewirkte diese Reform, dass etliche kleine, eigenständige Dörfer zusammengelegt wurden und man für dieses Sammelsurium jeweils neue Namen benötigte. So geschehen auch bei der heutigen Gemeinde Elztal, gelegen vor den Toren Mosbachs. So schöne Ortsnamen wie Neckarburken, Rittersbach, Auerbach oder Muckental verschwanden zwar nicht, wurden aber deutlich weniger erwähnt.

Schloss Dallau ist in jedem Fall die Sehenswürdigkeit in dieser Gemeinde Elztal, und dieses Wasserschloss liegt eben im ehemals eigenständigen Ortsteil Dallau. Das Schloss ist ein dreistöckiger Massivbau mit zwei Dachgeschossen. Die Begrenzungen im Osten und Süden des Gebäudes werden durch eine innere Ringmauer gebildet. Die »Veste Talheim«, urkundlich erstmals 1336 erwähnt, mehrfach zerstört und im Jahre 1438 von den Rittern des Deutschen Ordens wieder neu aufgebaut, wurde in mehreren Bauphasen noch bis in das Jahr 1530 immer wieder verändert. Architekten wie baulich interessierte Historiker lieben den Bau, da speziell die Dachkonstruktion aus dem Jahre 1450 – Fachleute sprechen von einem stehenden und liegenden Stuhl – in einer Vollständigkeit vorhanden ist, die ihresgleichen sucht. Doch auch Laien springt sofort die Einmaligkeit der Ostseite des Schlosses ins Auge. Die treppenartig angelegte Fassade mutet anfänglich eigenartig an, macht aber Sinn, wenn man sich klarmacht, dass diese Treppen als eine Art Wehrgang geplant wurden und der Verteidigung des Schlosses dienten, und Verteidigung war in den kriegerischen und schlachtenreichen Jahrhunderten mehr oder weniger normal und an der Tagesordnung.

Adresse Brühlweg, 74834 Elztal | **Anfahrt** von der B 292 in der Ortsdurchfahrt Dallau in Richtung Mosbach an der ersten Ampel rechts, dann noch wenige Meter zum Schloss | **Öffnungszeiten** Das Schloss dient heute der Gemeinde als repräsentative Veranstaltungsstätte, direkte Öffnungszeiten sind keine ausgewiesen. | **Tipp** Die romantischen Kurorte Bad Wimpfen und Bad Rappenau laden zum Erholen und Promenieren ein.

31 Marktplatz

Vatter – do!

Der Odenwälder Dialekt, das »Ourewällerische«, ist für jeden Fremden gewöhnungsbedürftig. Selbst Zugezogene, die schon Jahrzehnte im Odenwald leben, verstehen zwar nach einer Weile das von den Einheimischen Gesagte – selbst sprechen lernen werden sie es aber nie, denn »Ourewällerisch« muss man mit der Muttermilch aufgesogen haben.

Um diesen Dialekt zu erläutern, bedarf es einiges an Aufklärung. Bestimmt nicht angemessen ist die Vorstellung, dass der Odenwälder Hessisch spricht, also so eine Abart des als Hochhessisch oder Pidgin-Hessisch bekannten Gebabbels eines Heinz Schenk (man erinnert sich: Hessischer Rundfunk, »Blauer Bock«, Lia Wöhr, Reno Nonsens und der unvermeidliche Bembbel). Der Odenwälder Dialekt ist rau und das nicht nur in seiner Ausdrucksweise. Er ist auch tief und bullerig, manche glauben, er sei dem Elsässischen näher denn dem eigentlich Hessischen.

Wie fast alle Mundarten wird auch die Sprache des Odenwälders mündlich überliefert. Diskussionen über die Schreibweise des Gesprochenen sind Legion. Die Uneinigkeit macht auch vor dem markanten »Vatter – do!«-Schild nicht halt. Müsste es nicht »Vadder – do!« geschrieben werden? »Nein! Niemals!«, so der geborene Odenwälder – das doppelte »t« macht die korrekte Aussprache erst deutlich, zwei »d« sind etwas für Zugereiste.

Bleibt das Schild an sich. Es steht auf dem Marktplatz der Kreisstadt Erbach an der Ecke zur Lustgartenbrücke und weist unmissverständlich die Richtung, in die man gehen muss, wenn man eben mal muss. Man kann es Neudeutsch Piktogramm nennen, und man kann es auch lassen – das »Vatter – do!«-Schild versteht jeder, ob japanischer Tourist, der sich die weltbekannte Sammlung im Erbacher Schloss ansehen will, oder der Motorradtourist aus Offenbach-Bieber. Nebenbei ist das »Vatter – do!« auch so etwas wie ein Meeting-Point. Also, wir treffen uns – am Samstag – beim »Vatter – do!«

Adresse Am Marktplatz, 64711 Erbach | Anfahrt Von der B 45 in Richtung Erbacher Schloss. Der »Vatter – do« ist kurz vor der Mümlingbrücke in unmittelbarer Nähe des Denkmals des Grafen Franz. | Tipp Erbach ist die Heimat des Deutschen Elfenbeinmuseums mit seiner sehenswerten Sammlung rund um das Elfenbeinschnitzerhandwerk.

32 Die Habermannskreuze

Der Tod der drei jungen Burschen

Sühnekreuze finden sich in den Gebieten des Odenwalds, der Bergstraße und des Spessarts immer wieder. Diese Kreuze sind Denkmale eines mittelalterlichen Rechts und waren Teile von Sühneverträgen. Oft geht es dabei um vorsätzliche Straftaten, die mit Mord und Totschlag endeten. Deshalb sind in diese Kreuze oftmals alle möglichen Arten von Waffen eingemeißelt, die dann als Hinweis auf die eigentliche Straftat dienen können. Auch andere Bildhinweise sind auf diesen Kreuzen zu sehen, diese sind schlicht gestaltet und dienten dem einfachen Volke, das gemeinhin des Lesens und Schreibens nicht mächtig war, als Informationsquelle.

Die Habermannskreuze an der Bundesstraße 47 im Wald nahe Eulbach erzählen ebenfalls eine mörderische Geschichte: Drei Brüder, namentlich aus dem Geschlecht derer von Habern, sollen an dieser Stelle zu Tode gekommen sein, nachdem sie einen riesigen Hirschen erlegt hatten, dabei überrascht wurden und auf den Befehl des Grafen zu Erbach als Wilderer erschossen wurden.

Da die Menschen früherer Jahrhunderte sich für ihr Leben gerne Sagen und Geschichten erzählten, gibt es für die Habermannskreuze ebenfalls mehrere Varianten. Eine sei noch nachgeliefert: Drei Hafermäher sollen an einem schönen Sommermorgen derart in Streit geraten sein, dass sie mit ihren Sensen aufeinander losgingen. Irgendwie muss keiner der Drei diesen Morgen überlebt haben, und so wurden die jungen Männer an der Stelle, wo die drei Kreuze stehen, begraben.

Geheimnis oder nicht, Sage, Märchen oder die reine Wahrheit, man wird es wohl niemals herausfinden. Oder ist alles viel profaner, und die drei Kreuze sind nichts anderes als eine einfache Wegemarkierung? Wäre irgendwie schade, denn so eine schöne Mord- und Totschlaggeschichte hat schon was und wird immer wieder die Phantasie der Menschen anregen, zum Weitererzählen ermutigen und zum Fortspinnen verführen.

Adresse An der B 47, 64711 Erbach-Eulbach | **Anfahrt** An der reizvollen Strecke von Erbach nach Amorbach liegt das Gasthaus »Habermannskreuz« kurz vor dem Abzweig nach Würzberg. Von dort aus geht man auf der gleichen Seite einige Meter retour und findet, eventuell nach einigem Suchen, die versteckt liegenden Kreuze. | **Tipp** Im Michelstädter Stadtteil Würzberg befinden sich die Ruinen einer römischen Badeanlage.

33 Die Bayerische Schiffbaugesellschaft

Von Eimerkettenbaggern und Schleppkähnen

Schließt man die Augen, schnuppert ein wenig an der kühlen Brise und horcht man auf die Vögel, die ihre Kreise über dem Wasser ziehen – mit ein wenig Phantasie riecht man dann das Salzwasser und hält das Gekrächze der Mainkrähen für das von Seemöwen.

Doch wir befinden uns nicht im Hamburger Hafen, und die Werft ist nicht Blohm und Voss. Wir sind in Erlenbach am Main, und das Schiffbauunternehmen ist die Erlenbacher Schiffswerft. Dass man Werften eher in Bremen, Hamburg, Kiel, Rostock oder vielleicht in Papenburg vermutet als im waldreichen und wenig maritimen Spessart, ist erklärlich. Dennoch gibt es Schiffbau am Main schon seit Jahrhunderten. Von Bamberg bis Lohr und Aschaffenburg wurden Schiffe gebaut und auf Dock gelegt, der Spessart lieferte das Holz. Festes, kerniges Eichenholz war über lange Jahre der begehrteste Werkstoff für das Bauen von Schiffen.

Doch die Moderne machte auch vor Erlenbach nicht halt. Um 1900 stellte man hier auf den kompletten Eisenbau für Schiffe um, baute Eimerkettenbagger und Schleppkähne. Der Erste Weltkrieg stoppte den Elan der Werftarbeiter, durch die Besetzung des Ruhrgebiets 1923 wurde die komplette Rheinschifffahrt stillgelegt, lebensnotwendige Reparaturaufträge für die Erlenbacher blieben aus. Auch nach dem Zweiten Weltkrieg konnte man erst ab 1952 wieder im vollen Ausmaße in Produktion gehen, um 1970 gehörte die Bayerische Schiffbau Gesellschaft (BSG) zu den führenden Binnenwerften in Deutschland. Doch die Werftenkrise schloss dann auch in Erlenbach 1997 die Tore. Durch Umfirmierung ist man heute wieder als »Erlenbacher Schiffswerft Maschinen- und Stahlbau GmbH« am Markt. Eine neue Helling (oder der »Helgen«, so nennt man die schräg abfallende Fläche, den Schiffsbauplatz, der auch zum Stapellauf dient) wurde gerade geflutet.

Adresse Klingenberger Straße 42, 63906 Erlenbach am Main | **Anfahrt** Aus Richtung Klingenberg kommend, befindet sich die Werft gleich am Ortseingang. Den besseren Blick auf die Werft erhält man von der gegenüberliegenden Mainseite in Wörth. | **Tipp** Entlang der Elsenfelder Straße in Erlenbach verläuft der Untermain-Planetenweg mit interessanten Infotafeln.

34 Der Hohberg

Am Rotweinwanderweg

Umstritten ist die Frage, seit wann es Weinbau in Unterfranken gibt. Erste amtliche Belege für den Rebenanbau in und um Niedernberg stammen aus dem 12. Jahrhundert – dennoch ist zu vermuten, dass es schon einige Jahrhunderte früher Wein und Weinanbau am Main gab. Ob es nun die Kelten oder doch die Römer waren, die zuerst an den Anbau von Rotweinreben dachten, kann man diskutieren, unstrittig ist und bleibt, dass man im Odenwald wie im Spessart sehr gerne zum Schoppen greift und es sich wohl ergehen lässt.

Fränkische Könige waren es, nachdem sie im Maingebiet ihre Macht gefestigt hatten, die den Weinanbau förderten, ja sogar befahlen. Das Gebot, nicht nur Wasser zu trinken, sondern – in Maßen – auch Wein, soll schon Karl der Große ausgesprochen haben – Wein wurde also durchaus auch als Medizin angesehen. Ebenso gesund wie Wein in Maßen ist eine Wanderung durch die Rotweinberge.

Eines der schönsten Teilstücke des fränkischen Rotweinwegs ist der Hohberg bei Erlenbach am Main. Eine Mandelbaumallee, gut ausgeschilderte Rundwanderwege und etliche Veranstaltungen rund um den Wein machen das Terrain noch zusätzlich attraktiv. Der sogenannte »Churfrankensteig« führt durch etliche Weindörfer im Maintal, für viele ist der fränkische Rotweinwanderweg – durch das Anbaugebiet der großen Spätburgunder – das Schönste, was Deutschland an Wanderwegen zu bieten hat.

Seit nunmehr gut zwanzig Jahren führt dieser einmalige Wanderweg durch die vielseitigen Weinlagen Churfrankens. Man wandert in Etappen von Großwallstadt über Großostheim und Miltenberg am Main entlang nach Bürgstadt, und da Wandern bekanntermaßen kräftigen Durst verursacht, seien die Häckerwirtschaften am Wege wärmstens empfohlen.

Die Winzer dieser Region sind ein eigenes Völkchen. Befragt nach der Qualität des Weines eines Kollegen, antwortet der Weinbauer nur mit dem Satz: »Nicht kritisiert ist genug gelobt!«

Adresse 63906 Erlenbach am Main | **Anfahrt** zwischen Großwallstadt und Bürgstadt immer dem Symbol »Rotweinglas« folgen | **Tipp** Der Churfrankensteig beinhaltet auch zwei Kletterpassagen – diese erfordern aber einiges an Klettererfahrung und Ausrüstung!

35 Der Pilgerweg St. Jost

Die Schneckenkapelle

Nun sieht es oberflächlich betrachtet ja tatsächlich so aus, als hätte ein fernsehprominenter Spaßmacher das »Pilgern« erfunden. Das ist natürlich, um im Bild zu bleiben, völliger Nonsens. Pilgern ist kein Kind unserer heutigen Zeit, Pilgern ist eine uralte und durchaus seriöse Sache. Aus religiösen Gründen in die Fremde zu gehen, Wallfahrtsorte zu suchen und zu besuchen, das gab es schon in der Antike.

St. Jost ist, neben St. Jakobus, der Schutzpatron der Pilger. Der heilige Jost, auch Jodokus oder Josse genannt, war wohl Bretone und verzichtete auf seine Fürstenkrone, um in einer Einsiedelei zu leben, der späteren Abtei Saint-Josse-sur-Mer in Frankreich. Die neue Waldkapelle auf dem Pilgerweg St. Jost im Fischbachtal bietet den Wallfahrern eine überdachte Behausung mit einigen Sitzbänken, eine Gelegenheit zum Verweilen und Innehalten. Solche kleinen St.-Jost-Kapellen haben immer wieder eine große Bedeutung für Gläubige gehabt, denen es nicht möglich war, auf die großen Pilgerreisen zu gehen.

Den ökumenischen Pilgerweg nennen die Fischbachtaler locker und selbstbewusst den »Trimm-dich-Pfad für die Seele«, und genau so sollte man seine besinnliche Wanderung durch das Tal angehen.

Eine Station des Pfads ist die Kapelle im Ortsteil Billings. »Schneckenkapelle« wird sie im Volksmund genannt, und die Namengebung erschließt sich sofort. Schon beim ersten Anblick ist die Assoziation mit einem Schneckenhaus zwingend, und das Äußere entspricht auch der inneren Absicht. So soll der geöffnete Eingang den Besucher in das Innere der Kapelle ziehen, damit er darin Schutz und Besinnung findet. Konzipiert wurde die Kapelle 1966 von den renommierten Architekten Hermann Fautz und Otfried Rau, die offizielle Einweihung fand 1967 statt. Auch nach über 40 Jahren ist die Kapelle in Billings ein eigenwilliges, aber auch beeindruckendes Gebäude.

So, und wir sind dann mal weg.

Adresse 64405 Fischbachtal-Billings, www.st.jost.fischbachtal.de | **Anfahrt** An der Durchfahrtsstraße von Billings zweigt die Abfahrt in Richtung Bürgerhaus ab. In unmittelbarer Nähe befindet sich die Schneckenkapelle. | **Tipp** Bei Fischbachtal im Meßbacher Oberwald liegt die Bergkuppe mit dem schönen Namen »Rimdidim«, was wohl mit dem Dialektsatz »Vun do hat mer de schönnste Blick rimdidim im Ourewald« zusammenhängt.

36_Der Fichtenwald

Hier kauft der Weihnachtsmann

Man kann in der Region Odenwald, Spessart und Bergstraße forschen wie man will, irgendwie landet man meistens erst mal bei den Römern. Ist irgendwie auch ganz in Ordnung. Man gewöhnt sich recht schnell auch daran, dass selbst der Main in dieser Ecke der »nasse Limes« genannt wird. Um jetzt auf das Weihnachtsfest zu kommen und den damit verbundenen unentbehrlichen Christbaum, spielen die Römer, glücklicherweise, keine Rolle. Die feierten zwar auch schon den Jahreswechsel mit grünen Lorbeerzweigen, doch der grüne Baum zum Fest ist erst seit gut 300 Jahren Tradition bei uns.

Alles andere, was in deutschen Gebieten mit Kultur bezeichnet wird und nicht von den Römern stammt, wird gern dem guten Johann Wolfgang von Goethe in die Schuhe geschoben. Wer sich selbst zum stockkonservativen Flügel einer noch stockkonservativeren Parteienausrichtung zählt und Goethe auch heute noch für zu aufklärerisch und revolutionär hält, wird die Meinung vertreten: »Goethe ist immer verdächtig!«

Sei es, wie es ist: Mit »Die Leiden des jungen Werther«, jenem herzzerreißenden Briefroman, in dem der Titelheld, der Rechtspraktikant Werther, ein unglückliches Liebesverhältnis mit der einem anderen Mann versprochenen Lotte hat und hernach im Freitod endet, hat Goethe den Christbaum 1774 in die deutsche Literatur eingeführt. Zum Festtagssymbol wurde die Tanne, trotz Goethe, aber erst in den Jahren 1870/71 und ist seither aus deutschen Wohnzimmern nicht mehr wegzudenken.

Das Kempfenbrunner »Grüne Fieber« setzte mit Ende des Zweiten Weltkriegs ein. Man hatte die fruchtbare Idee, den großen Bestand an Spessartfichten als Weihnachtsbäume zu vermarkten, und zwar da, wo man Käuferschichten in Massen vermutete – in der Stadt. Und so machen sich bis heute die Kempfenbrunner mit den Nadelhölzern aus dem Spessart ab Mitte November auf den Weg nach Frankfurt und in die umliegenden Regionen.

Adresse 63639 Flörsbachtal-Kempfenbrunn | **Anfahrt** Der Ortsteil Kempfenbrunn der Verbandsgemeinde Flörsbachtal liegt an der B 276 zwischen Wächtersbach und Lohr. | **Tipp** Der »Bikewald Spessart«, das große, gut ausgeschilderte Radlergebiet mit den verschiedensten Schwierigkeitsgraden, lockt Fahrradfahrer aus dem gesamten Bundesgebiet an.

37 Fuhrmann und Schneider Museum

Wohlstand in der Region

Wenn man als innovativer und aufgeweckter Geschäftsmann einen Auftrag aus einem äußerst kapitalkräftigen Haus erhält, ist man meistens selbst bald ein gemachter Mann. So muss es etlichen Fuhrleuten aus Markt Frammersbach so ab 1350 gegangen sein. Hatten die Fuhrleute zuvor für kurmainzische Adlige meist Jagdgut transportiert, so wandelte sich das Transportgut nun in Richtung Industriewaren. Gute Connections aus diesen frühen Zeiten waren der Hauptgrund, dass die Fuhrmänner nun größere Mengen Stückgut bis in die Niederlande und Antwerpen im Auftrag von angesehenen süddeutschen Handelshäusern transportieren konnten.

Eines dieser Handelskontore war das legendäre Haus der Familie Fugger in Augsburg, das durch seinen Stammvater Hans Fugger europaweit sehr erfolgreich agierte. Damit begann die beste Zeit der Frammersbacher Fuhrleute, eine Blüte, die bis zum Jahre 1650 hielt. Die Fuhrmannszunft zu Frammersbach, die Fuhrleute aus dem gesamten Spessartgebiet umfasste, hatte in den erfolgreichsten Tagen über 500 Frachtwagen und 2.500 Zugpferde. Die Touren gingen bald auch nach Königsberg in Ostpreußen, nach Triest oder Wien. Man transportierte hauptsächlich das berühmte Spessartglas, aber auch Seide, Wolle, Weihrauch, Samt, Stockfisch und Ingwer.

Mit der beginnenden Industrialisierung ging es mit dem Fuhrmannsgewerbe zu Ende, doch durch ihre bestehenden Kontakte gelang es den Frammersbachern, in der Heimschneiderei zu reüssieren. Ihre Kenntnisse auf dem Markt für Tuche und Stoffe waren nun für die Männer und Frauen bares Geld. Da die Aschaffenburger Bekleidungsindustrie in den 1920er Jahren einen enormen wirtschaftlichen Aufschwung nahm, hatten auch die Frammersbacher wieder die Chance, in Lohn und Brot zu kommen. Zu Hause schneiderten sie nun Mäntel, Sakkos, Hosen und Westen.

Adresse Hinterdorf 10, 97833 Frammersbach | Anfahrt dort, wo aus der Lohrer- die Herbertshainer Straße wird, Richtung Partenstein rechts in Richtung Hinterdorf abbiegen | Öffnungszeiten jeden zweiten und vierten So im Monat 14–16 Uhr | Tipp Terrassenfreibad Frammersbach, Tel. 09355/612. Das großzügig angelegte Schwimmbad ist auch Schauplatz von Schwimmwettkämpfen.

38 Das Rauch Museum

Geschichte der Möbel

Ein Mensch, für den die Hochkultur seiner eigenen Möblierung in einem »Billy«-Regal aus einem Möbelhaus, in dessen Cafeteria man auch Köttbullar essen kann, besteht, wird sich aus einem Renaissance-Schrank in Eiche massiv, aus Barockschränken in Nadelholz oder Vertikos im Jugendstil kaum etwas machen. Doch kann es als annähernd gesichert angesehen werden, dass er nach dem Besuch des Möbelmuseums Rauch geläutert ist.

Die Geschichte der Möbel, die Schreinertechniken der Jahrhunderte machen aus einfachen Schränken, Betten oder Stühlen hochinteressante Gegenstände der Zeitgeschichte.

Die Brüder Rauch hatten die Idee, die Geschichte der Möbel mit der eigenen Unternehmensgeschichte zu verbinden. Da steht nun der solitäre Biedermeier-Rundschrank neben dem derben Bauernmöbel aus dem Odenwald und dem Mainfränkischen. Da kann man das handwerklich aufwendig gebaute Einzelstück neben dem zerlegt gelieferten Massenmöbel von heute bewundern. Vom Historismus bis zur Moderne, Möbel waren auch immer ein Abbild der jeweils herrschenden Gesellschaftsstruktur. Eine komplette historische Schreinerei aus den 1920er Jahren lässt auch den handwerklichen Laien spüren, dass Schreinerei nicht nur industriell gefertigte Massenware produzieren muss, sondern im eigentlichen Sinne des Wortes ein Kunsthandwerk ist.

Das Rauch Museum ist auch regelmäßig ein Ort für Sonderausstellungen, wie die Ausstellung »Vom Sofakissen zum Städtebau, Aufbruch zum neuen Wohnen« gezeigt hat.

Vom Bauhaus zur Art nouveau, vom Biedermeier bis zum Expressionismus werden immer wieder Themen aufgenommen, die Historie anhand von Einrichtungsgegenständen begreifbar machen. So auch in einer der jüngsten Ausstellungen der Deutschen Werkstätten aus Dresden-Hellerau: »Zeitgemäßes Wohnen für jedermann zu moderaten Preisen«.

Adresse Wendelin-Rauch-Straße, 97896 Freudenberg/Main, www.rauchmuseum.de | **Anfahrt** Die L 2310 Richtung Mondfeld nehmen, am Ende von Freudenberg biegt die Wendelin-Rauch-Straße rechts ein. | **Öffnungszeiten** Jeden Mittwoch und jeden 1. Samstag im Monat von 14–17 Uhr, Führungen nach telefonischer Anmeldung | **Tipp** Der großzügig angelegte Seepark in Freudenberg ist eine erste Adresse unter den Campingfreunden Europas, www.seecamping-freudenberg.de.

39 Der EU-Mittelpunkt

Von Meerholz nach Westerngrund

Am 1. Juli 2013 hieß es in Gelnhausen-Meerholz Abschied nehmen von einem prestigeträchtigen Titel, von einem majestätisch klingenden Zusatz. Man war hier nicht mehr der »Mittelpunkt der Europäischen Gemeinschaft«.

Der Titel wanderte, nach dem EU-Beitritt Kroatiens, ein paar Kilometer weiter ins unterfränkische Westerngrund, blieb dadurch aber weiterhin ein Teil des Naturparks Spessart. Doch Meerholz ist noch immer auf dem europäischen Schirm. Der EU-Mittelpunkte-Weg verbindet auf gut 13 Kilometern die beiden Ortschaften, den ehemaligen Mittelpunkt mit dem nun aktuellen europäischen Zentrum. Geschickt werden die Wanderer vom südöstlichen Rand der Wetterau in den Kahlgrund geführt – vorbei an vielen Einzelstationen, die jeweils spezielle Informationstafeln zu den momentanen 28 EU-Ländern zeigen.

Um die jeweiligen Mittelpunkte zu errechnen, bedient man sich diversen Methoden. So gibt es zum einen die Praxis »Mittelpunkt des Breiten- und Längengrades«, dann gibt es die »Schnittpunkt«- sowie die »Schwerpunkt«-Berechnung.

Diese verschiedenen Handhabungen bringen es mit sich, dass sich speziell bei der Frage »Wo liegt die Mitte Deutschlands?« mehrere Orte diesen Titel auf die Fahnen schreiben. Ist nun Flinsberg bei Heiligenstadt das Herz Deutschlands? Oder doch eher Silberhausen, Niederdorla oder Krebeck? Liegt der zentrale Tummelplatz der Deutschen nun in Thüringen, Hessen oder Niedersachsen? Da wird es so schnell wohl keine Einigung geben – ganz im Gegensatz zu unserem Westerngrund.

Hier sind sich alle einig, bis zur Aufnahme eines weiteren Landes in die Europäische Gemeinschaft ist hier das offizielle Herz Europas, le centre géographique de l'Europe, the central point of Europe, il centro geografico dell'Europa, het geografisch centrum van Europa

Adresse 63571 Gelnhausen | **Anfahrt** von der A 66 die Abfahrt Gelnhausen-West benutzen und dann Richtung Linsengericht fahren, anschließend gleich rechts Richtung Meerholz abbiegen, am Ende von Meerholz im Kreisel dem Wegweiser Sport-und Kulturhalle folgen, an deren Parkplatz beginnt der Wanderweg zum ehemaligen Mittelpunkt. | **Tipp** Es lohnt sich – Sie sind im Herzen Europas –, einen Picknickkorb und einen Player plus CD mit der 9. Sinfonie von Beethoven mit auf die Wanderung zu nehmen.

40__Das Geburtshaus von Johann Philipp Reis

Hallo, Herr Reis, Telefon!

»Das Pferd frisst keinen Gurkensalat.«

Zugegeben, es wurde schon mit weit sinnleereren Sätzen Weltgeschichte geschrieben (ein weiterer wäre vielleicht der von Jonathan Latimer: »Ich wünschte, die Sonne würde ab und an im Westen aufgehen – nur so zur Abwechslung.«). Dieser Satz mit dem Pferd aber stand am Anfang der Erfolgsgeschichte eines Apparats, den sein Erfinder schlicht als »Telephon« bezeichnete.

Johann Philipp Reis (1834–1874), Bäckermeisterssohn aus Gelnhausen, fuhr am 26. Oktober 1861 nach Frankfurt und präsentierte seine Erfindung dort den Mitgliedern des Physikalischen Vereins. Doch als einfachem Lehrer der Naturwissenschaften fehlte Reis jedwede wissenschaftliche Reputation. Da es bei dieser ersten öffentlichen Präsentation vor einem wissenschaftlichen Gremium auch nur gelang, die menschliche Sprache knapp 60 Meter weit zu übertragen – ähnlich dem Prinzip mit der Schnur und den beiden Joghurtbechern –, taten die Frankfurter Koryphäen die Reis'sche Erfindung als Spielerei ab. Ob der etwas unglücklich gewählte, eingangs erwähnte Experimentiersatz sein Übriges dazu beitrug, ist nicht beweisbar.

Allen hochnäsigen Gelehrten zum Trotz hielt Reis an seiner Erfindung fest. Der Frankfurter Vortrag unter dem Thema »Über die Fortpflanzung von Tönen auf beliebige Entfernungen durch Vermittlung des galvanischen Stroms« gilt als die Geburtsstunde der Fernsprecherei. Mit dem Kaufmann Johann Valentin Albert lernte Reis einen Mann kennen, der ihn in seinen Unternehmungen unterstützte. Beide stellten größere Mengen des »Ur-Telefons« her, um es zu Demonstrationszwecken weltweit zu verkaufen. Dies bestärkte zwar einen Teil der Gelehrten in ihrer Meinung, Reis habe, wie sie schon lange kritisierten, nur ein Spielzeug hergestellt. Doch machten diese Demo-Stücke Reis weltweit bekannt.

Adresse Langgasse 45, 63571 Gelnhausen. Das Reis'sche Denkmal findet man ganz in der Nähe am Untermarkt. | **Anfahrt** Von der Berliner Straße (L 3333) links am »Hotel Grimmelshausen« zum Untermarkt einbiegen. Den Pkw auf einem der Parkplätze außerhalb der Altstadt zu parken ist sinnvoll. | **Tipp** Gelnhausen ist Barbarossa- und Grimmelshausen-Stadt. Mehr als einen Tag Besuch einplanen!

41_Der Bahnhof

Der Zweite Weltkrieg und General George S. Patton

Wie so viele Bahnhöfe in aller Welt, ist auch der Bahnhof in Gemünden alles andere als eine Schönheit – doch er ist steinerner Zeuge eines schrecklichen Kapitels der Gemündener Stadtgeschichte. Gemünden wurde im Zweiten Weltkrieg zu zwei Dritteln zerstört und gehört damit zu den am stärksten vom Krieg betroffenen Kleinstädten in Bayern. Ein Grund für diese Zerstörung von Alt-Gemünden war sicher, dass die Stadt ein auch strategisch wichtiger Eisenbahnknotenpunkt der Verbindung Frankfurt–Würzburg war.

Eine weitere Ursache für die massiven Kriegsschäden wird aber auch dem sogenannten »Kommandounternehmen Hammelburg« zugeschrieben. Dieses von Geheimnissen umwitterte Unternehmen um eine US-Sonderheit, eingerichtet vom Armeegeneral George S. Patton, sollte Ende März 1945 im circa 20 Kilometer nordöstlich von Gemünden liegenden Hammelburg ein Lager von alliierten Kriegsgefangenen befreien. Was erst als Gerücht gehandelt und später als Hauptgrund identifiziert, doch von Patton niemals bestätigt wurde: Die Einrichtung des Sonderkommandos »Hammelburg« war wohl eine Art Privatkrieg des Generals. Aus Geheimdienstberichten entnahm Patton die Information, dass sein Schwiegersohn, Lieutenant Colonel John K. Waters, im Lager Hammelburg seit 1943 als Kriegsgefangener interniert war. Dies war Patton Anlass genug, ein kleines privates Scharmützel anzuzetteln, welches Gemünden einen sechstägigen Beschuss eintrug. Das Kommando als solches endete ebenfalls in einem Fiasko: Von über 300 Mann verloren 26 ihr Leben, über 50 Panzer, Jeeps und anderes Material wurden zerstört.

Pattons Schwiegersohn Waters wurde beim Befreiungsversuch in Hammelburg angeschossen, landete wieder im dortigen Hospital und wurde dann, ganz regulär, im April 1945 von US-Kampfverbänden befreit.

Für Patton hatte die ganze Aktion sehr schwerwiegende Folgen. Er wurde von General Dwight D. Eisenhower gerüffelt.

Adresse 97737 Gemünden am Main | **Anfahrt** Zum Bahnhof führen, wie meistens, alle Wege. | **Tipp** Für Paddler und Kanuten sind die freundlichen Flüsschen Saale und Sinn hervorragend geeignet. Infos zum Kommandounternehmen unter: www.taskforcebaum.de.

42 Kerb, Kerwe, Kirb und Kirmes

Der Mundschenk und sein Chef

»Wem ist die Kerb?« – »Unser!!«

Wenn dieser Spruch an einem Kerb-Samstag in einem der Odenwälder Gemeinden ertönt, gibt es kein Halten mehr. Jung und Alt, schön oder hässlich – ein jeder strömt zum Kerbplatz, will die »Kerbredd« hören und dann auf keinen Fall den Bieranstich verpassen. Je nach Engagement der Einwohner wird vor der »Redd« noch ein zünftiger Umzug auf den Straßen des Dorfes hingelegt, in dem schon mal bildlich das Dorfgeschehen des letzten Jahres glossiert werden darf. Die Kerbredd hält traditionsgemäß der Kerbvatter, ihm zur Seite steht sein Mundschenk, der, macht er seinen Job gewissenhaft, dem Kerbvatter in Permanenz sein Glas befüllt.

1573 kam es so weit, dass die Kerb in Hessen unter Androhung hoher Strafen landesweit verboten war. Begründung: Bei dieser Art von Festivität ginge es immer nur um übermäßiges »Fressen und Saufen«, und dies führe zu üblen Schlägereien. Dass solche Verbote nicht fruchten, lehrt schon die Zeitgeschichte – es wurden jahrhundertelang immer wieder Möglichkeiten gefunden, dieses Verbot zu umgehen.

Die Kerb (oder Kerwe, Kirb, Kirmes, je nach Landstrich) heute ist ein ausgewogenes Familienfest, bei dem Essen und Trinken selbstredend noch immer an erster Stelle stehen. Dass es auch das ein oder andere Mal zu kleinen Tätlichkeiten kommen kann, wird berichtet, ist aber nicht vorrangig wichtig.

Wichtig ist und bleibt, dass der Dorfwirt auf dem Festplatz genügend Gekochtes und Gebratenes im Vorrat hat und dass ihm, und das wäre nun wirklich ein Grund für eine lockere Tätlichkeit, die Getränke nicht ausgehen. Äppelwoi, Bier, ein kräftiges Bauernbrot aus dem Holzofen und obendrauf ein deftiger Kochkäs', garniert mit Kümmel und klein gehackten Zwiebelchen – dabei kann man es sich wohl ergehen lassen.

Adresse Schulstraße, 64689 Grasellenbach-Hammelbach | **Anfahrt** von Fürth kommend auf der B 460 in Weschnitz nach Hammelbach abbiegen | **Tipp** Man sollte bei einem Besuch in der Region um Grasellenbach auf jeden Fall eine Visite des »Kalten Brunnens« von Hammelbach einplanen. Dieses »Mystery of the Cold Fountain« ist eine Art Geysir mit einer beeindruckenden Wasserfontäne. Der Brunnen liegt direkt an der Landesstraße 3346.

43 Kloster Engelberg

612 Stufen zum Ziel

Im Jahre 2010 wurden die vier bundesrepublikanischen Franziskanerprovinzen zu einer einzigen zusammengelegt. Diese Entscheidung hatte auch Auswirkungen auf das Franziskanerkloster auf dem Engelberg hoch über Großheubach am Main. Die Geschichte des Klosters beginnt um das Jahr 1406. In diesem Jahr wurde auf dem Engelberg eine einfache Holzkapelle, die Michaelskapelle, aufgestellt. Die steigende Zahl von Wallfahrern machte es notwendig, die Kapelle zu erweitern. So wurde um das Jahr 1700 erst die Marien-, dann die Antoniuskapelle angebaut. Das alles geschah noch unter dem Patronat der Kapuziner. Auf Anweisung von König Ludwig I. von Bayern mussten die Kapuziner das Kloster 1828 an die Franziskaner abgeben, und diese residieren noch heute auf dem Engelberg.

Der Franziskanerorden zeigt, dass Ökonomie und Geistlichkeit sich keinesfalls ausschließen, sondern sich sogar in einer munteren Einheit befruchten. Kloster Engelberg wird heute als moderner Wirtschaftsbetrieb geführt, der Bruder Verwalter nennt sich zwar (noch) nicht im modernen Managerdeutsch »Executive Supervisor«, sondern etwas amtsdeutscher »Geschäftsführer der franziskanischen Wirtschaftsbetriebe«, unterm Strich kommt aber das heraus, was das Kloster heute repräsentiert: eine funktionierende Klosterschänke mit angeschlossenem Biergarten, selbstgebrautem Gerstensaft und Wein aus eigenem Anbau.

Wer denn also die – nachprüfbar – 612 Stufen, die sogenannten »Engelstaffeln«, erklommen hat, wird gut umsorgt von den Mönchen und anderen guten Geistern des Klosters Engelberg – den warmen Leberkäs' oder das kräftige Klosterbrot nicht zu probieren, wäre da bestimmt ein außerordentliches Sakrileg.

»Tradition bedeutet nicht das Aufbewahren der Asche, sondern das Weitertragen des Feuers.« Ein schöner, kluger und eindringlicher Satz von Gustav Mahler – und der gilt auch für die Mönche des Klosters Engelberg.

Adresse Kloster Engelberg 1, 63920 Großheubach | **Anfahrt** Von Miltenberg auf der Staatsstraße 2309 bis zur Ortsmitte von Großheubach. Das Kloster als Wallfahrtsort ist für Pkws ausreichend beschildert. Der Fußweg ist beschwerlich, hat aber einen ausgesprochen meditativen Reiz. | **Öffnungszeiten** Sommer (1. April–3. Okt.) 10–20 Uhr und Winter (4. Okt.–31. März) 10–18 Uhr. An Feiertagen gelten andere Öffnungszeiten. www.franziskaner-engelberg.de | **Tipp** Der Eselsweg: Großheubach bildet den Abschluss (oder den Einstieg, das hängt ganz von der Sichtweise ab) dieses bekannten Fernwanderwegs, der bis nach Schlüchtern führt.

44 Marktplatz

Mit Leib und Seele: Günter Strack

Der Schauspieler Günter Strack war mit Leib und Seele dabei, seiner Rolle in der gleichnamigen Fernsehserie Gewicht zu geben. Er spielte mit Verve den Pfarrer Dr. Dr. Adam Kempfert, dem kein menschliches Problem fremd war – er war der Priester, dem die Menschen vertrauten. Gedreht wurde die gefühlvolle Serie in den Jahren 1987 bis 1992 über weite Strecken in Großostheim. Berühmt wurde ein kleiner Running Gag im Vorspann, bei dem Günter Strack/Pfarrer Kempfert auf dem Marktplatz von Großostheim immer in die gleiche Pfütze trat.

Die Serie wurde mit dem üblich-verdächtigen Serienpersonal ausgestattet. So spielte die nicht nur in Hessen bekannte Ex-Mama Hesselbach Liesel Christ die Küsterin, Lilo Pulver war Kempferts Haushälterin, Christian Quadflieg ein Pfarrerskollege, und Nikolaus Paryla gab den Landstreicher August. Weitere populäre Schauspieler erschienen in mehr oder weniger großen Gastrollen: Barbara Auer, Gerd Baltus und Hannelore Elsner.

Großostheim, auch das »bayerische Nizza« genannt, war ideal als Drehort. Liegt der Ort doch etwas versteckt in einem Seitental des Mains, umgeben von Rebstöcken und Weinlagen mit so klangvollen Namen wie »Reischklinger« oder »Heiligenthal«.

Günter Strack, 1929 in Darmstadt geboren, war selbst Hobby-Winzer an seinem fränkischen Wohnsitz Münchsteinach. Als Schauspieler war er besonders in Bernhard Wickis »Das Wunder des Malachias« (1961) aufgefallen sowie – zusammen mit zwei weiteren deutschen Darstellern: Hansjörg Felmy und Wolfgang Kieling – in Hitchcocks »Der zerrissene Vorhang« (1966). Der Ruf »Günter, Hollywood« (so soll ihn der Inspizient am Darmstädter Staatstheater ans Telefon gerufen haben) ist auch heute in Schauspielerkreisen noch populär. Für die Rolle als Pfarrer Kempfert war Strack aus der erfolgreichen ZDF-Serie »Ein Fall für zwei« ausgestiegen und begab sich steten Fußes von Frankfurt nach Großostheim.

Adresse 63762 Großostheim | **Anfahrt** Großostheim erreicht man über die Schnellstraße 469 (im Volksmund: »das lange Handtuch«) aus Richtung Großwallstadt oder Aschaffenburg. Der Marktplatz liegt, wie bei Marktplätzen meist so üblich, auch in Großostheim zentral in der Mitte der Ortschaft. | **Tipp** Das Bachgaumuseum im historischen Nöthigsgut hat einen Schwerpunkt auf Ausstellungsstücken aus dem Handwerks- und Landwirtschaftsbereich. Das Museum liegt direkt am Marktplatz.

45 Die Odenwälder Weininsel

Ein feiner Riesling

Assoziationen erweckt das Wort »Odenwald« so manche. »Grün«, »gute Luft«, »waldreich« und »gut zum Wandern«, schießt es Naturfreunden sogleich durch den Kopf, historisch bewanderte Menschen denken vielleicht zuerst einmal an die Nibelungen und den starken Helden Siegfried. Manche mögen auch einen der originellsten Fachwerkbauten Deutschlands, das Rathaus von Michelstadt, vor ihrem geistigen Auge sehen. Und bei der kulinarischen Assoziation bleiben die meisten an zwei Begriffen hängen: »Äppelwoi« und »Handkäs' mit Musik« (was kürzlich ein Autor, der ein hessisch-englisches Kochbuch herausgegeben hat, brillant mit »Handcheese with music« übersetzte – das hat einige Amerikaner, die dieses Werk von deutschen Austauschschülern zum Geschenk bekamen, zum Grübeln gebracht).

Wein gehört somit nicht mit in den ersten Kanon der Begriffe, die man mit Odenwälder Köstlichkeiten verbindet. Doch die »Odenwälder Weininsel« in Groß-Umstadt kann auf eine Weinbaukultur zurückblicken, die wohl schon im 3. Jahrhundert nach Christus in der Römerzeit begann. Im 16. und 17. Jahrhundert wurden um die 500.000 Liter Wein gekeltert, die Anbaufläche stieg auf über 250 Hektar. Das alles machte, wie so vieles in dieser Region, der Dreißigjährige Krieg zunichte. Die Produktion von Groß-Umstädter Wein fiel in dieser Zeit auf 20.000 Liter per anno. Erst 1959 gelang ein umfangreicher Neuanfang – die »Odenwälder Winzergenossenschaft« wurde gegründet, und die Weininsel im Odenwald, als Teil des Anbaugebiets »Hessische Bergstraße«, mit so schmackhaften Lagen wie »Umstädter Stachelberg« oder »Umstädter Steingerück« gilt als Geheimtipp der Weinfreunde Deutschlands. Denn die Weine der Genossenschaft sind Raritäten, ihre besondere Lage an den steilen Südhängen des Odenwalds lässt einen einzigartigen Wein mit besonderem Charakter reifen. Weißwein- wie Rotweinfreunde werden auf der »Odenwälder Weininsel« bestens bedient.

Adresse 64823 Groß-Umstadt | **Anfahrt** von Darmstadt aus auf der B 26/45 | **Tipp** Der Weinlehrpfad von etwa zwei Kilometern Länge ist vom Parkplatz aus Richtung »Farmerhaus« oder vom Hotel Jakob an der Zimmerstraße aus erreichbar. Info: Odenwälder Winzergenossenschaft, Riegelgartenweg 1, Tel. 06078/2349, www.vinum-autmundis.de oder »Umstädter Weinbauverein«, Am Knoß 8, www.umstaedter-wein.de

46 Heimschneidermuseum

Stoffe und Handball-Bundesliga

Zwei Dinge waren den Großwallstädtern schon immer wichtig: der Handballsport und die Heimschneiderei. Einige ältere Zeitgenossen werden sich noch an ein eher unsägliches Ballspiel namens »Feldhandball« erinnern. Dabei musste, ähnlich dem Fußballspiel, auf einem Großfeld, das je nach Gemeinde oder Ortschaft mehr einem Kartoffelacker als einem gepflegten Rasenplatz glich, ein Ball in das gegnerische Netz platziert werden. So weit, so gut. Da der Platz aber lang und groß und breit war (hoch war er – naturgemäß – natürlich auch) und dem Spiel Regeln anheimgegeben wurden, die einem erst beim zweiten (oder dritten) Hinsehen eingängig waren, und bei Regen das Spiel eher einem Handball-»Matsch« glich, ging man ab den 1970er Jahren mit dem Handball in die Halle. So verfuhr auch der TV 1888 Großwallstadt. Die Gründung der »eingleisigen« Handball-Bundesliga im Jahre 1978 war auch gleich die große Zeit der Handballer des TV. Unter dem heute schon legendären Trainer Klaus Zöll besiegte Großwallstadt in der Halle in Elsenfeld am Main den VfL Gummersbach in einem spannenden, bis zum Abpfiff an Dramatik kaum zu überbietenden Spiel mit 12:11 Toren und war somit der erste deutsche Meister der Handball-Bundesliga.

Das Handballspiel hat Großwallstadt weit über die Landesgrenzen hinaus bekannt gemacht, der TV 1888 ist der einzige bayerische Vertreter in der Handball-Bundesliga.

Die Menschen des 19. Jahrhunderts aber wussten nichts von Handball – nicht einmal etwas von Feldhandball. Sie waren zu sehr damit beschäftigt, ihr Überleben zu sichern. Das Heimschneidermuseum am Ort zeigt dazu eine Entwicklung des Schneiderhandwerks am Untermain, die typisch ist für Dorfhandwerke und kleingewerbliche Handwerksbetriebe ab den Jahren um 1870. Einem interessanten Mann kann man im Museum wiederbegegnen: dem Gewerkschafter und Abgeordneten der CSU Hugo Karpf (1895–1994), den man respektvoll in der Gegend den »Vater der Heimarbeiter« nennt.

Adresse Hauptstraße 3, 63868 Großwallstadt | Anfahrt über die Staatsstraße 469 und die Mömlingerstraße ins Zentrum von Großwallstadt und dann rechts in die Hauptstraße | Öffnungszeiten Mai – Okt. erster So im Monat 14–17 Uhr | Tipp Die Mannschaft des traditionsreichen Handballklubs TV Großwallstadt. Alles zum Team und zu den aktuellen Spielen unter: www.tvgrosswallstadt.de

47_Gasthaus Hochspessart

Wandern mit Tucholsky, Karlchen und Jakopp

Dass eine Bürgerinitiative nach jahrzehntelangem Kampf gegen eine Staatsregierung den Platz als Sieger verlässt, ist nicht üblich.

Seit Mitte der 1970er Jahre bestanden Pläne der Landesregierung in München, das Hafenlohrtal im südwestlichen Spessart in einen gigantischen Stausee zu verwandeln. Noch 1998, nachdem es der Bürgerbewegung schon gelungen war, die ursprünglichen Pläne zu modifizieren, bestand man seitens der Regierung auf dem Vorhaben, einen »Trinkwasserspeicher« von acht Kilometern Länge, aufgestaut von einer 50 Meter hohen Mauer, zu bauen. Diese Pläne sind seit 2008 vollständig vom Tisch – ein Erfolg der Bewegung »Rettet das Hafenlohrtal«.

Diese Entwicklung konnte Kurt Tucholsky, der 1927 eine Spessart-Wanderung antrat, nicht erahnen. Im Gasthof »Hochspessart« war er eingekehrt und wollte sich ein paar Tage von der Hektik des Molochs Berlin erholen. Der Wirt des Hauses war stolz auf die Speisen seiner Herberge und den Wein, den er ausschenkte. Dennoch bemängelte Tucholsky, der mit seinen Wanderkumpanen Karlchen und Jakopp in der Gaststube Platz genommen hatte, die Qualität des Weins: Dieser schmecke korkig, reklamierten sie. Der Wirt, Spessarter Urgestein und im Dialekt seiner Heimat gewohnt zu reden, bemerkte nur, dass die Städter keine Ahnung hätten und erwiderte: »Mein Wein möpselt nicht!« Da man sich den Wirt nicht zum Feinde machen wollte und Durst eben schlimmer ist als Heimweh, tranken die drei munter noch einige weitere Flaschen und Tucho bemerkte am nächsten Tage in seinem »Spessart-Tagebuch«: »Bei uns dreien möpselt es heute heftig nach.« Über alle weiteren Erlebnisse schrieb »Peter Panter« einen Reisebericht – »Das Wirtshaus im Spessart«.

Ein echter Tucholsky zum Abschluss: »Es lastet auf dieser Zeit der Fluch der Mittelmäßigkeit. Hast du so einen schwachen Magen, kannst du die Wahrheit nicht vertragen? Bist also nur ein Grießbreifresser? Ja dann, verdienst du es nicht besser!«

Adresse Gasthaus Hochspessart, 97840 Lichtenau | **Anfahrt** von Weibersbrunn nach Rothenbuch und dann rechts vier Kilometer durch das Tal der Hafenlohr | **Tipp** Das Gasthaus »Hoher Knuck« ist ein Ort der Ruhe und der Einkehr mit dem wunderbaren Charme der 1950er Jahre.

48 Das Papiertheatermuseum

Einzigartig und faszinierend

Papiertheater sind äußerst filigrane Miniaturtheater, sie waren sozusagen der Fernsehapparat der Biedermeierzeit. In den Räumen des Historischen Museums Schloss Philippsruhe in Hanau wurde im Januar 1990 das erste deutsche Papiertheatermuseum seiner Bestimmung übergeben. Ob nun Kind oder Erwachsener, Träumer oder Realist, Papiertheater faszinieren alle Altersgruppen und Charaktere durch ihre Lebendigkeit. Ob große Opern – »Zar und Zimmermann« oder »Der Freischütz« – oder klassisches Theater von Kleist, Schiller und Shakespeare, die Bilderbögen der Papiertheater lösen eine ganz eigenwillige Begeisterung aus.

Heute bespielen in Hanau mit Helmut Wurz und Frank Buttler zwei Enthusiasten die Miniaturbühne. Ob das Vampirstück »Das Blutheilbad«, »Hänsel und Gretel auf Hessisch«, »Aladdin und die Wunderlampe« oder das Stück »Das Nusch-Nuschi« mit der Musik von Paul Hindemith (übrigens am 16. November 1895 in Hanau geboren) – in regelmäßigen zeitlichen Abständen begeistern Wurz und Buttler ihr Publikum.

Das Museum befindet sich im fürstlichen Ambiente von Schloss Philippsruhe, einer barocken Parkanlage mit Orangerie; um 1700 war Baubeginn am Mainufer. Graf Philipp Reinhard von Hanau-Lichtenberg nahm das französische Lustschlösschen Clagny bei Paris zum Vorbild. Einer der Nachkommen vom Grafen Philipp, immer bemüht, am baulichen Puls der Zeit zu sein, ließ Philippsruhe von 1875 an dann im Stil des nun vorherrschenden Historismus umgestalten – samt englischem Landschaftsgarten.

An den großen Söhnen der Stadt Hanau, Jacob und Wilhelm Grimm, kommt auch Museum Philippsruhe nicht vorbei. Eine Abteilung des Museums ist »den Brüdern« gewidmet, private Erinnerungsstücke von Jacob und Wilhelm sind zu sehen. Sind diese beiden nun weltbekannt, zeigt die Ausstellung auch Zeichnungen des kaum jemals erwähnten »Malerbruders« Emil Grimm.

Adresse Papiertheater Hanau im Museum Schloss Philippsruhe, Philippsruher Allee 45, 63454 Hanau-Kesselstadt | **Anfahrt** die A 45 an der Anschlussstelle Hanau-West verlassen und auf der Philippsruher Allee zum Museum fahren, keine Parkkosten | **Öffnungszeiten** Di–So 11–18 Uhr. Die Plätze sind auf 25 Personen begrenzt. | **Tipp** Bei jedem Wetter ist der Spaziergang im Schlossgarten Hanau ein Genuss. Im Zentrum der Stadt gelegen, bildet er ein wunderbar beruhigendes Pendant zur Hektik der Stadt.

49__Das hessische Puppenmuseum

Lebendige Puppen

So als Mann zieht es einen ja nicht wirklich in ein Puppenmuseum.

Wir Männer sind halt alle Helden, wir vertreiben keine Bienen, wir kauen sie!

Käthe Kruse, ja schön, schon mal gehört, stand auch mal als Frage im Kreuzworträtsel der FAZ.

Aber ansonsten.

Puppen? Kinderspielzeug, was für Mädchen. Entschuldigung: Die Erziehung der 1950er Jahre lässt sich ja auch nicht von heute auf morgen abschütteln. Und hat Alice Schwarzer anlässlich des 50. Geburtstags der Barbie-Puppe nicht öffentlich geäußert, Puppen wären ein sexistisches Unterdrückungssymbol? Man kann nun zu Frau Schwarzer stehen wie man will, doch ab und an hat sie ja auch recht.

Man sollte die Diskussion einfach wieder in seriöse Bahnen lenken und konstatieren, dass Puppen im Speziellen wie Spielzeuge im Allgemeinen ein Abbild der jeweiligen Kulturgeschichte sind und dass man anhand der Geschichte der Puppen sehr tief in die europäische Geschichte eintauchen kann.

Dass Puppen natürlich auch zum Verlieben sein können, steht außer Frage, dennoch waren die ersten Puppen, die jemals entstanden, keine Spielzeuge. Die frühen Abbilder menschlicher Gestalten waren aus Naturprodukten wie Holz oder Pflanzenfasern gefertigte Fetische, die mehr Böses als Gutes verbreiteten. Das Hanauer Museum, untergebracht im barocken Ambiente des Wilhelmsbader Kurhauses, zeigt auf 800 Quadratmetern ständig über 200 Puppen und will damit Kinder wie Erwachsene teilhaben lassen an einer kulturhistorischen Gesamtschau, die zeigt, dass die kindliche Spielewelt durchaus auch ein Abbild einer real existierenden Gesellschaft sein kann.

Tritt man vom Puppenmuseum hinaus in die Parkanlage von Wilhelmsbad, ist man an eine englische Gartenlandschaft erinnert.

Adresse Parkpromenade 4, 63454 Hanau-Wilhelmsbad, Tel. 06181/86212, www.hessisches-puppenmuseum.de | **Anfahrt** die A 66 an der Anschlussstelle Hanau Nord in Richtung Wilhelmsbad verlassen, dann über die Maintaler Straße und die Hochstädter Landstraße rechts auf die Kesselstädter Straße einbiegen, keine Parkkosten | **Öffnungszeiten** Di–Fr 10–12 Uhr und 14–17 Uhr | **Tipp** Das »Deutsche Goldschmiedehaus Hanau« am Altstädter Markt ist das Zentrum der deutschen Gold- und Silberschmiedekunst.

50__Das Naturbad

Quell des Wohlbefindens

Natürlich ist es eine in sich geschlossene Argumentationskette, dass ein Freibad sich im Freien befindet und somit gleichwohl auch in der Natur. Dennoch gibt es gravierende Unterschiede zwischen einem Freibad in der Natur und einem Naturbad im Freien.

Heigenbrücken jedenfalls ist stolze Heimstatt eines Naturbads und somit auch Betreiber eines Schwimmbads, in dem es oberstes Ziel ist, den Badegästen ein ökologisch einwandfreies Badevergnügen zu garantieren.

Der Reihe nach: Das Quellenschwimmbad in Heigenbrücken wurde im Jahre 1928 erbaut und gilt somit als das älteste Freibad im Spessart. Die allgemeine Finanzkrise machte dann im Jahre 2004 auch nicht vor dem Luftkurort im Spessart halt, und die Gemeinde war gezwungen, das Bad zu schließen. Wie heute so mancherorts üblich, sprangen auch in Heigenbrücken Bürger in die Bresche, wenn Kommunen oder Städte ihre eigentlichen Aufgaben nicht mehr erfüllen können. An große Umbauten und Verbesserungen war bei der knappen Finanzlage kaum zu denken, und so betrieb man das Bad als traditionelles Chlorbad weiter. Allein dieser Ausdruck lässt einen erschauern: »Chlorbad«. Als würde man wie ein Salamander in einem Reagenzglas liegen. Fairerweise muss erwähnt werden, dass über Jahrzehnte den Ortschaften aus gesundheitsamtlichen Gründen gar nichts anderes übrig blieb, als »Chlorbäder« zu betreiben.

Vereinigte Kräfte der Gemeinde und der »Initiative pro Schwimmbad«, die mit über 120 ehrenamtlichen Helfern Tausende von Arbeitsstunden ableisteten, entwickelten nun das Konzept »Naturbad« und haben damit ein Kleinod erschaffen. Im Bad von Heigenbrücken ist sichergestellt, dass die Wasserqualität ohne Zugabe von Chemikalien erfolgt, über ein »technisches Feuchtgebiet« wird das Wasser sanft gereinigt und glasklar aufgearbeitet. Ob Allergiker oder einfacher Badegast bis hin zum Kleinkind, das wunderbare Wasser in Heigenbrückens Naturbad ist ein Erlebnis.

Adresse Heinrichsthaler Straße, 63869 Heigenbrücken | **Anfahrt** Heigenbrücken erreicht man von Aschaffenburg oder Lohr über die Staatsstraße 2317. Am Bahnhof rechts einbiegen zur Heinrichsthaler Straße. | **Öffnungszeiten** bei Außentemperaturen um 20 Grad täglich von 12–19 Uhr | **Tipp** Unter www.mespelbrunner-spessartraeuber.de kann man sich seinen privaten Räuberüberfall organisieren lassen.

51 An der B 3

Der Hölzerlips und sein Raubgesindel

Würde Dr. jur. Ludwig Aloys Pfister in den heutigen Tagen sein Amt als Stadtdirektor von Heidelberg bekleiden und müsste er im Jetzt und Gleich die Ermittlungen gegen eine Odenwälder Räuberbande führen, ein totales Medieninteresse wäre ihm gewiss. Hatte er doch schon 1811 im Zuge der Ermittlungen gegen die Hölzerlipsbande mit für die damalige Zeit erstaunlichen Methoden für Aufsehen gesorgt. Die Hölzerlipsbande war eine der gefürchtetsten Vagantengruppen im frühen 19. Jahrhundert, ihr Gründer war Georg Philipp Lang, ein Mann, der anfänglich mit Holzwaren versuchte zu handeln, daher das »Hölzer« im Namen, »Lips« wiederum ist eine in der Region übliche Abkürzung des Namens Philipp.

Diese Bande nun überfiel in der Walpurgisnacht 1811 um ein Uhr dreißig in der Nacht an der Landstraße zwischen Hemsbach und Laudenbach, an der heutigen B 3, die Kutsche zweier Kaufleute aus Winterthur und Zürich, die sich auf der Rückreise von einer Messe aus Frankfurt befanden. An dem Überfall waren außer Lang noch der Mannefriedrich, der Krämer Mathes und Veit Krämer beteiligt. Ludwig Aloys Pfister, dem schon lange eine Kampagne gegen das fahrende Volk und die mit ihnen sympathisierenden Vaganten am Herzen lag, übernahm die Ermittlungen. Obwohl die Bande in den Wäldern und kleinen Dörfern genügend Rückzugsorte hatte und die Bevölkerung, selbst arm und am unteren sozialen Rand, ihnen stets mit Verständnis entgegenkam, wurden die Bandenmitglieder noch während des Jahres 1811 festgesetzt. Pfister plante das Zeremoniell ihrer Enthauptung in Heidelberg am 31. Juli 1812 minutiös, gnadenlos und effizient, er war ein früher Meister der Public Relations – hätte es damals schon Fernsehen gegeben, gewisse Sender hätten bestimmt ein »Special« gebracht.

»Judge carefully – death is so permanent«, möchte man Herrn Dr. jur. Aloys Pfister nachrufen – nur hören kann er es wohl nicht mehr.

Adresse Wie gesagt an der B 3! Die Bundesstraße ist heute zwar räuberfrei, doch viel befahren, und Fahrer in abenteuerlich-räuberischer Manier sind immer wieder auf der Strecke. Das macht den Platz des Überfalls etwas schwierig zu besichtigen! | **Anfahrt** von der A 5 Richtung Darmstadt die Ausfahrt »Hemsbach« nehmen und dann auf die B 3 einbiegen | **Tipp** Ob der Hölzerlips gern gebadet hat, ist nicht überliefert, das Freibad »Hemsbacher Wiesensee« jedenfalls ist an heißen Tagen erfrischend und labend.

52 Der Kurmainzer Amtshof

Hans Richter und die Festspiele

Als Hans Richter und seine Frau Ingeborg die Festspiele Heppenheim im Jahre 1974 gründeten, hatten diese noch ein gewisses Alleinstellungsmerkmal. In heutiger Zeit, da jede Stadt, jede Gemeinde glaubt, eine jegliche Ruine, und sei es auch nur noch ein einziger kleiner Stein, eine jedwede Waldlichtung oder jeden nur möglichen Marktplatz im Sommer mit einem mehr oder weniger qualitätsvollen Festival, Theaterspektakel oder einer Musical-Inszenierung überziehen zu müssen, wird die Luft auch für renommierte Festspiele immer dünner.

Hans Richter war schauspielerisches Urgestein, ein Naturtalent, dem die Schauspielerei in die Wiege gelegt wurde. Am 12. Januar 1919 in Nowawes/Potsdam geboren, kam er schon mit zwölf Jahren zum Film. Unvergessen bleibt seine Darstellung als »Fliegender Hirsch« in der Erich-Kästner-Verfilmung »Emil und die Detektive« oder als der »Schöler« Rosen in der »Feuerzangenbowle«. Künstlerisch immer unbefriedigender wurde es für ihn, wie für viele Schauspieler aus glorreichen UfA-Zeiten, in den 1950er und 1960er Jahren. Außer einigen Heimatfilmen wie »Schwarzwaldmädel« oder »Grün ist die Heide« war nicht viel zu holen. Bis dann 1960 Kurt Hoffmann kam und Hans Richter mit der Rolle des Geistes Jockel in seinem Grusical »Das Spukschloss im Spessart« einen späten Großerfolg bescherte. Die wohl hübscheste Szene im Film: Richter nimmt einem Militärmusiker die Noten weg und sagt: »Mach doch nicht immer bumba, spiel' doch mal ne' Rumba« – einfach klassisch, gehört in jeden Lehrplan.

Heute leitet Richters Schwiegertochter Sabine das wohl erfolgreichste deutsche Privattheater. Meist von Mitte Juli bis Ende September eines Jahres laufen im Kurmainzer Amtshof die Inszenierungen, Klassisches selbstverständlich, aber auch gerne eine Komödie wie der »Eingebildete Kranke« oder die »Pension Schöller«, eben einfach gepflegtes Schauspiel.

Adresse Amtsgasse, 64646 Heppenheim, www.festspiele-heppenheim.com | **Anfahrt** Von Erbach die B 45 bis Marbach, dann auf die Siegfriedstraße (B 460) bis Heppenheim. Der Kurmainzer Amtshof liegt inmitten der Altstadt, dort gibt es keine Parkmöglichkeit. Um die Spielstätte herum sind aber genügend öffentliche Parkplätze ausgewiesen. | **Öffnungszeiten** Die Festspiele laufen in der Regel von Ende Juli bis Anfang Sept. | **Tipp** »Nachts in Heppenheims Gassen« – ein spannender Ausflug: der Laternenweg!

53 Das Martin-Buber-Haus

Zentrum der Begegnung

Martin Buber wurde 1878 in Wien in eine galizisch-jüdische Gelehrtenfamilie hineingeboren. Sein Bemühen war es immer, der nichtjüdischen Welt die ostjüdisch-mystische Bewegung des Chassidismus verständlich zu machen. Bis 1933 war Buber dann Professor für Religionswissenschaften in Frankfurt am Main. Er hatte großen Einfluss auch auf nichtjüdische, gebildete Kreise, die sich gerne mit dem charismatischen Professor über Fragen der Sozialphilosophie unterhielten. Die politischen Verhältnisse in Deutschland zwangen die Bubers – Martin, seine Frau Paula sowie die beiden Töchter Margarete und Eva –, 1938 nach Palästina auszuwandern. Möbel und Bücher, die die Familie zurückgelassen hatte, immer darauf vertrauend, dass der Nazi-Spuk ein schnelles Ende haben würde, wurden während der Reichspogromnacht zerstört.

Martin Bubers Ehefrau Paula hat diese Zeit am Beispiel ihres Wohnorts Heppenheim im Roman »Muckensturm« beschrieben. Unter dem Pseudonym Georg Munk hat sie die Vorkommnisse jener Tage festgehalten. Die Handlung von »Muckensturm« setzt mit dem Reichstagsbrand ein, das Ortsklima verändert sich, braune Fahnen beherrschen den Ort, der Kaufmann stellt ein gesticktes Hitler-Porträt in sein Schaufenster. »Muckensturm« ist eine ironische Anspielung auf das antisemitische Hetzblatt »Der Stürmer«. Für den Roman fand sich zuerst kein Verleger, obwohl selbst Thomas Mann, auf Bitten Martin Bubers, für das Buch warb. Erst im Jahr 1953 erschien das Werk bei Lambert Schneider in Heidelberg.

Das Haus der Familie Buber sollte in den 1970er Jahren einem Neubau des Landratsamts Platz machen. Engagierte Bürger konnten das verhindern. Seit 1979 hat der Internationale Rat der Christen und Juden seinen Hauptsitz nicht mehr in London, sondern in Heppenheim. Die Tochter Margarete Buber-Neumann, eine bekannte Publizistin, wurde durch ihr Buch »Als Gefangene bei Stalin und Hitler« auch weltweit berühmt.

Adresse Werlestraße 2, 64646 Heppenheim | Anfahrt von der A 5 zur B 460/Lorscher Straße abbiegen, rechts halten in die Ludwigstraße und dann die zweite links, die Werlestraße, einbiegen | Öffnungszeiten Anfragen kann man Di und Fr von 9–13 Uhr unter Tel. 06252/6896813 stellen. | Tipp Das Kooperationsobjekt des UNESCO Geo-Parks Bergstraße-Odenwald mit der Bergsträßer Winzer eG ist der Erlebnispfad »Wein und Stein«. www.erlebnispfadweinundstein.de

54_Die Obrunnschlucht

Der Märchenwald

Wäre man ein Ludwig Uhland oder ein Eduard Mörike, wäre man ein Andrew Marvell oder John Keats, wie leicht hätte man es da, die Obrunnschlucht zu würdigen. Vom murmelnden Obrunnbach könnte man erzählen und vom Zwitschern der Vöglein im dichten Walde dichten. Obwohl, warum eigentlich immer romantisch? Wäre man John le Carré oder John Grisham, wäre man Felix Huby oder Bernd Imgrund, so ließe sich in der verwinkelten Schlucht zwischen Höchst und dem Lützelbacher Ortsteil Rimhorn auch eine knackige Agenten- oder Krimi-Story schmieden. »Hinter der imposanten Schwanenburg tauchte Smiley mit seinem 38er auf, legte an, traf aber nur das Standbild des wilden Reiters.« Oder so ähnlich.

In jedem Falle ist die Obrunnschlucht äußerst phantasieanregend. Der Odenwaldklub hat sie im Jahre 1882 begehbar gemacht, die Bewegung der Wandervögel brachte ab 1896 viele Menschen in den Talgrund. Schon bald hatte eine Privatinitiative die Idee, an besonders markanten Stellen der Schlucht kleine Bauwerke, speziell Schlösser und Burgen, als Modelle aufzustellen und dazwischen Märchenfiguren zu platzieren. Ein schweres Unwetter im Jahre 1953 zerstörte die meisten dieser liebevoll gestalteten Bauwerke und Figuren. Ein Neuaufbau war aber bald beschlossen, und ab 1961 ging es im besten Wortsinne wieder bergauf. Die wiederhergestellten Modelle, ein Wanderparkplatz und ein Kiosk, angefüllt mit Souvenirs und Erfrischungen, steigerten die Attraktivität der Schlucht, und sie wurde wieder ein Publikumsmagnet. Doch um das Jahr 1980 hatte niemand mehr rechtes Interesse an der Anlage, der Zahn der Zeit nagte schnell an ihr, und auch der Vandalismus machte nicht halt vor der Obrunnschlucht.

Eine engagierte Interessengemeinschaft hält heute wieder Schlucht und Wege intakt, etliche Modelle sind restauriert oder vollkommen neu aufgebaut worden.

Die Obrunnschlucht ist wieder ein feines Stück Odenwald.

Adresse 64739 Höchst im Odenwald | Anfahrt von Höchst aus in Richtung Rimhorn fahren; Parkmöglichkeit: Naturparkplatz an der L 3106 | Öffnungszeiten Die Schlucht ist ohne Eintritt für jedermann jederzeit begehbar. Leider hat das immer wieder zur Folge, dass die Miniaturen Opfer von Vandalismus werden. | Tipp Das »Apfelblütenfest« in Höchst empfiehlt sich jedes Jahr wieder mit einer attraktiven Apfelblütenkönigin.

55_Die Haselburg

Traumaussicht mit Sternekomfort

Es ist ein wundervoller Blick, den die römischen Bauherren von ihrem Wohntrakt über den Gartenhof aus auf die sanften Hügel der Odenwaldlandschaft hatten. Wie friedlich ruht das Auge des Betrachters auf der wogenden Ansammlung von Nadel- und Laubwäldern! Auch zu römischen Zeiten war die Villa Haselburg mit Sicherheit eine Top-Immobilie. Denn dass die Römer Genießer in jeder Hinsicht waren, wissen wir aus Tausenden von wissenschaftlichen Unterlagen und den grundlegenden Werken der Herren Goscinny und Uderzo.

Der ehemalige römische Gutshof »Villa Rustica« wird auch als »Haselburg« bezeichnet und ist als frei zugängliche Freilichtanlage wohl das am besten erhaltene Zeugnis römischer Besiedlung in ganz Hessen. Ist die komplette Anlage an sich schon ein Faszinosum, gibt es einige bautechnische Raffinessen, die noch 1.800 Jahre nach ihrer Entstehung verwundern. Die sogenannte Hypokaustheizung, laienhaft gesprochen so etwas wie eine antike Fußbodenheizung, verblüfft durch die Einfachheit und Effektivität. Der Bewohner heutiger architektonischer Monstrositäten wünscht sich die Wärme und Funktionalität des Badetraktes in der römischen Villa genauso wie den bestens gefüllten Weinkeller.

Es wird noch ein weiter Weg für den Haselburg-Verein werden, bis das große Ziel in greifbare Nähe rückt: die Aufnahme der Anlage und des Odenwald-Limes in die Liste des UNESCO-Weltkulturerbes. Doch ein Schritt dorthin ist gemacht: Das Haselburg-Informationszentrum ist fertiggestellt, sodass die über Jahre hinweg gefundenen antiken Kostbarkeiten, die lange Zeit in Archiven lagern mussten, nun der Bevölkerung zugänglich gemacht werden konnten.

Was 1978 mehr zufällig entdeckt wurde, wird sich in den nächsten Jahren durch den tatkräftigen Haselburg-Verein weiter zu einem Freilichtmuseum der Extraklasse entwickeln.

Adresse 64739 Höchst-Hummetroth | **Anfahrt** Die Haselburg liegt an der L 3106 zwischen Brensbach und Höchst im Odenwald, südlich der Ortschaft Hummetroth. Öffentliche Verkehrsmittel unter www.rmv.de. | **Öffnungszeiten** Info-Zentrum: 1. April–31. Okt. Sa 14–17 Uhr, So, feiertags 11–17 Uhr | **Tipp** Sehenswert ist der keltische-römische Altarstein in der Bergkirche im Höchster Ortsteil Mümling-Grumbach und der darin befindliche, sogenannte »Matronenstein«.

56 Museum Nostalgie

Erinnerungen werden wach

Das Museum Nostalgie in Mümling-Grumbach als Museum zu bezeichnen, wird der Sache einfach nicht gerecht. Im gleichen Atemzug könnte man die These aufstellen, die »Titanic« wäre ein Heringstrawler gewesen.

Den Museumseigner Henning Nürnberger, auch Chronist seiner Heimatgemeinde, nun als Verrückten zu beschreiben, ist zwar in höchstem Maße unhöflich, aber dennoch wahrheitsgemäß. Und er wird einem sogar beipflichten – denn als Sammelverrückten sieht er sich selbst.

Würde Nürnberger, was so gar nicht seinem Naturell entspricht, für einige Minuten still auf der alten Schulbank sitzen bleiben, mit seinem grauen Zopf und dem eisgrauen Bart passt er eins zu eins in dieses nostalgische Museumswunder. Gerne würde man ihm dann am Zopfe ziehen oder mal in die Nasenlöcher blasen, denn anfassen ist erlaubt in den Räumen dieser einmaligen Sammlung. Den Museumschef freut es, wenn die Gäste in den einzelnen Ebenen mit den Bereichen Wohnen, Arbeit oder Beruf etwas in die Hände nehmen, es ausprobieren, daran riechen oder mal in das ein oder andere Instrument blasen. Wer sich zu Höherem berufen fühlt – bitte, dort steht ein Spinett. Natürlich will er vorher gefragt werden, aber dann ist das mit dem »in die Hand nehmen« kein Problem und Nürnberger erklärt geduldig jede einzelne Funktion seiner Sammelstücke – sei es die alte Wanduhr, die Schreibmaschine von 1910, eine Kamera mit Kurbel, der alte Teddybär, die abenteuerliche Friseurausstattung, bei der einem sofort wieder der Brachialhackschnitt der keineswegs modisch beeinflussten Odenwald-Coiffeure der 1960er Jahre einfällt, eine Gerätschaft zur Konfettiproduktion oder so manches wunderbare blecherne Spielzeug, das auch schon seine 80 Jahre und mehr auf dem Buckel hat. Das Museum Nostalgie reist durch fast alle Zweige der menschlichen Entwicklungsgeschichte – ein grandioser Blick in unsere ganz alltägliche Vergangenheit.

Adresse Wolfsgrund 5, 64739 Höchst- Mümling-Grumbach | **Anfahrt** an der B 45 zwischen Höchst und Bad König, direkt am Bahnhof von Mümling-Grumbach | **Öffnungszeiten** Nach Absprache jederzeit möglich. Tel: 06163/937907 oder 0160/96040098. Kein Eintritt! www.museum-nostalgie.de | **Tipp** Die Fledermauskolonie im alten Bahnhofsgebäude von Mümling-Grumbach. Infos über: www.nabu-odenwaldkreis.de.

57 Klempner- und Kupferschmiede-Museum

Wenn's mal tropft oder wackelt

Mit futuristischen Fassaden ist das ja so eine Sache. Manche haut es ob der Vielseitigkeit und Kreativität eines Architekten um, andere hat es auch niedergeschmettert – aus gerade gegenteiligem Grund.

Die Fassade des Karlstädter Klempner- und Kupferschmiede-Museums ist auf jeden Fall atemberaubend. Sei es der Aluminiumkegel bei Nacht oder der sanft plätschernde Wasserfall – man steht davor und staunt. Dass das Museum in unmittelbarer Nähe der mittelalterlichen Stadtmauern gebaut wurde, macht den Gegensatz noch spektakulärer.

Im Museum selbst findet man eine erstaunliche Sammlung rund um die Themen »Schweißen, Dengeln und Schrauben«, bemerkenswert die Vielfalt der Werkzeuge, Maschinen und Dokumente aus Berufszweigen, deren Namen man heute kaum mehr kennt: Flaschner oder Blechner sind dafür nur zwei Beispiele. Von der historischen Klempnerwerkstatt bis hin zu uralten historischen Werkzeugen, alles ist in den Sammlungen von Karlstadt erhalten. Der Phantasiereichtum und die Improvisationskunst unserer Urahnen ringen selbst dem begabtesten Heimwerker – heute mit einer Hightechwerkstatt ausgerüstet – einen gehörigen Respekt ab. Mehrere Millionen Euro hat der Aufbau des Museums gekostet, aufgebracht wurde diese enorme Summe von Spendern und den Mitgliedern der Stiftung Deutsches Klempnermuseum.

Karlstadt hat, laut Eigenwerbung, eine der schönsten Ortssilhouetten am Main. Überprüfen (und bestätigen) kann man das ganz leicht bei einem Bummel durch die Altstadt dieser noch sehr ursprünglichen und sehr fränkischen Perle. Einmal hinauf zur Ruine Karlsburg und dann hinein in eine der typischen Heckenwirtschaften zu einer deftigen Brotzeit – bei so einem kulinarischen Genuss merkt man, wo auch der Klempner und Schmied der Vorzeit seine Kraft hernahm.

Adresse Ringstraße 47d, 97753 Karlstadt am Main | **Anfahrt** die B 27 von Gemünden am Eingang von Karlstadt links verlassen, die erste Straße rechts ist dann die Ringstraße | **Öffnungszeiten** Führungen ab 10 Personen nach Voranmeldung unter 09353/996330 | **Tipp** Es sind zwar knappe 50 Kilometer bis nach Bad Kissingen, aber die KissSalis-Therme ist die Fahrt wert.

58 Das Watterbacher Haus

Ein kunsthistorisches Kleinod

Man könnte mit einigem Recht vermuten, dass sich das »Watterbacher Haus« im Kirchzeller Ortsteil Watterbach befindet. Doch dem ist mitnichten so, das »Watterbacher Haus« steht in einem anderen Kirchzeller Ortsteil, nämlich in Preunschen.

Warum das so ist, bedarf einer Erklärung.

Das Haus befand sich jahrhundertelang am Ortseingang der Watterbach. Ende der 1950er Jahre baute der damalige Besitzer daneben ein neues Wohnhaus. Als man begann, vom alten Bau Holzschindeln und Verputz zu entfernen, bemerkte ein aufmerksamer Geist die historische Ständerbauweise. Erkannt war nun zwar die bauhistorische Bedeutung des Hauses, doch war zuerst ein rheinisches Freilichtmuseum an dem Bau interessiert, das den Umzug plante. Das Landesamt für Denkmalpflege in Unterfranken und der Landkreis Miltenberg vereitelten dann aber 1962 diese Pläne, das Watterbacher Haus wurde komplett abgebaut, und in Breitenbach, ebenfalls ein Ortsteil von Kirchzell, wurden die einzelnen Teile für Jahre eingelagert.

Doch Breitenbach selbst war der wohl ungünstigste Ort für den geplanten Wiederaufbau des Hauses. Breitenbach war menschenleer, der letzte Einwohner verstarb 1974. Die Offiziellen der Gemeinde konnten sich dann 1979 auf den heutigen Standort Preunschen einigen, dort wurde das Haus 1981 wieder aufgebaut. Man kam dabei auf den Gedanken, auch seine Räume als Museum zu nutzen. Der Wald war über Jahrhunderte *das* Thema in dieser Gegend, also was lag näher als die Gründung eines Museums, das alles zum Thema Wald anspricht. So präsentiert das »Watterbacher Haus« nicht nur die bauhistorische Geschichte des Gebäudes, sondern gibt auch einen Einblick über viele wald- und forsthistorische Themen.

Nach dem Besuch des Museums ist eine kurze, halbstündige Wanderung zur staufischen Burgruine »Wildenburg« eine willkommene Freiluftexkursion. Fresh-air-snapping in reiner, würziger Odenwaldluft.

Adresse 63931 Kirchzell-Preunschen | **Anfahrt** Von Amorbach auf der Staatsstraße 2231 Richtung Kirchzell, von da aus auf der Mudauer Straße nach Preunschen. Das Haus steht gleich am Ortseingang. | **Öffnungszeiten** April–Sep. Sa, So und feiertags 11–17 Uhr, Okt.–März Sa, So und feiertags 12–16 Uhr | **Tipp** Für alle, die schon immer mal einen original Odenwälder Kochkäse probieren wollten, ist das »Gasthaus Meixner« in Watterbach eine erste **Adresse**.

59_Die NATO-Rampe

Der kalte Krieg ist nun vorüber

Offiziell, korrekt und beamtentauglich heißt der Gegenstand »Ersatzübergangsstelle«. Dieser Begriff benennt eine betonierte Fläche, die in einen Fluss hineinführt, zur militärischen Nutzung gedacht war und als Ersatz für eine nicht vorhandene Brücke dienen sollte. Auffällig an den meisten NATO-Rampen ist ihr Hinterland. Angelegt an den großen Flüssen Rhein, Weser, Mosel, Neckar oder Main sind den Rampen meist große Straßen oder Autobahnen, die sogenannten NATO-Straßen, angegliedert. In den politischen Kampfvokabeln des Kalten Kriegs wurden für diese Flussüberquerungen auch Begriffe wie »Panzerfurt« oder »Kriegsfurt« geprägt. Genutzt wurden die Rampen speziell auch bei Nato-Manövern, die meist sehr blumig »Sandy Beach« oder »Brilliant Mariner« hießen.

Der Begriff »Kalter Krieg« kam früh nach Beendigung des Zweiten Weltkriegs auf. Schon ab 1945 war dieser Begriff Synonym für den Konflikt zwischen den Westmächten und ihrer Führungsmacht USA und dem sogenannten Ostblock unter Führung der UdSSR. Korrekterweise ist daher auch eher von einem Ost-West-Konflikt die Rede, da in diesen Jahren durchaus »heiße« Kriege wie der Koreakrieg, der Vietnamkrieg oder die »Stellvertreterkriege« in Afrika geführt wurden. Korrekt terminieren Historiker den Beginn des »Kalten Kriegs« aber erst mit dem 12. März 1947. Amerikas Präsident Harry S. Truman verkündet, dass die USA allen freien Völkern, die sich vom Kommunismus bedroht fühlten, hilfreich zur Seite stehen würde. Mit dieser »Truman–Doktrin«, der die UdSSR mit einer »Zwei-Lager-Theorie« antwortete, begann nun der jahrzehntelange Wettlauf zweier politischer Systeme.

Ob man die NATO-Rampen jemals wieder zu militärischen Zwecken einsetzen wird? Fragen Sie Ihren Bundestagsabgeordneten oder Ihren gesunden Menschenverstand!

Am Main befinden sich heute noch mehrere dieser Rampen, friedlich genutzt zu Wassersportzwecken aller Art.

Adresse 63801 Kleinostheim | **Anfahrt** Von Kleinostheim kommend von der B 8 kurz vor Karlstein in die Straße »An der Pfingstweide« abbiegen. Durch ein völlig unattraktives Industriegebiet, wir reden hier von einer Art ästhetischer Negativität, führt die Straße direkt zur Rampe am Main. | **Tipp** Sportbootschule Bootswerk – vom Schnupperkurs bis zum Skippertraining mit eigenem Schulungsboot zwischen Aschaffenburg und Miltenberg

60 Der Esskastanien-Lehrpfad

Mit der Substanz, die glücklich macht

Castanea sativa, die Edelkastanie, hat mit der gemeinen Rosskastanie, obwohl beide »Kastanie« heißen, nichts zu tun. Die Rosskastanie ist Ausgangsprodukt für Arzneien, hilft, wenn man es denn braucht, auch bei Hämorriden und Krampfadern.

Anders die feine Esskastanie. Sie gedeiht bestens an Orten mit Weinbauklima und ist ein wunderbares Nahrungsmittel. Maroni nennen sie die Schweizer, Österreicher und andere Südländer, braten oder rösten sie und machen daraus feine Pasta oder Gebäck.

Manche nennen sie auch, etwas schlüpfrig, die »Eicheln des Zeus«, meinen aber damit bloß, dass die Kastanie Substanzen in sich hat, die bei manchen Menschen Glücksempfindungen auslösen können.

Um Klingenberg herum wurden auf einer Fläche von über zehn Hektar schon um das Jahr 1890 Maronenbäume angepflanzt, und nun besitzt die Stadt den größten geschlossenen Esskastanienbestand in ganz Bayern. Dies war der Grund, einen Lehrpfad für Esskastanien anzulegen, auch als Ergänzung des schon bestehenden Rotweinwanderwegs. Etliche Schautafeln entlang des »Pfades der Maroni« geben Informationen zur Nutzung der Pflanze. Denn der Nutzen liegt nicht allein darin, dass Esskastanien eine sehr empfehlenswerte Bereicherung des Speiseplans sind, sondern auch das Holz des Baumes ist sehr witterungsbeständig, benötigt zur Konservierung keine chemischen Mittel und ist somit als Bauholz für die ökologische Bauweise eine echte Alternative.

Doch echte Maroni-Fans denken bei dem Objekt ihrer Begierde nicht ans Häuslebauen, sondern an so wundervolle Rezepte wie »Holunder-Kassler mit Esskastanien und Pflaumen«, »Glacierte Maronen auf Hagebuttenschaum«, »Risotto mit Pilzen und Maroni« oder den portugiesischen Kastanienkuchen »Bolo de castanhas« – die passende Mahlzeit nach dem Rundgang auf dem Lehrpfad. Dazu passt, wie zu vielen anderen Gelegenheiten, ein guter Roter von den Hängen rund um die Weinstadt Klingenberg.

Adresse 63911 Klingenberg | **Anfahrt** Von der Staatsstraße 2309 in Richtung Mechenhard abbiegen. Am Ortsende von Klingenberg in die Clingenburgstraße einbiegen. Der Lehrpfad beginnt an der Clingenburg, eine Parkmöglichkeit ist vorhanden. | **Tipp** Die jährlichen Festspiele auf der Clingenburg haben einen exzellenten Ruf. www.clingenburg-festspiele.de, Tel. 09372/3040 oder 921259

61 Das Tonbergwerk

Keramik vom Untermain

Man stelle sich einmal vor, man lebt in einer Gemeinde oder in einer Stadt und die staatlichen Stellen erließen einem jeden Mitbürger sämtliche Steuern und zahlten obendrein jährlich noch ein »Bürgergeld« aus. Schlaraffenland? Nein, wir befinden uns im Zentrum von Rotweinilistan in Unterfranken. Der Name der Stadt? Klingenberg!

Gut, das Ganze spielte sich schon Ende des 19. Jahrhunderts ab, muss aber dennoch traumhaft gewesen sein. Nicht nur, dass man bei den Bürgern vom Ablass abließ und ihnen noch Geld auszahlte, nein, es wurden auch moderne Brücken gebaut, und Klingenberg erhielt als eine der ersten Gemeinden ein unterirdisches Stromnetz.

Der Auslöser dieser überirdischen Zustände lag in der unterirdischen Gewinnung eines Spezialtons. Mit Beginn des 18. Jahrhunderts wurde bei Klingenberg mit der Gewinnung des Tons unter Tage begonnen. Der Klingenberger Ton ist ein feuerfester, hochwertiger Bindeton von großer Homogenität, und er hat eine hohe Plastizität und Reinheit. Diese hervorragende Bindefähigkeit im Zusammenwirken mit Graphit hat dem Ton aus Klingenberg auch den Beinamen »Bleistiftton« gegeben, der in der Produktion dieser Schreibgeräte auch heute noch seinem festen Platz hat. Da die Produktion von Bleistiften in Zeiten des Computers naturgemäß zurückgegangen ist, hat sich der Klingenberger Ton nach anderen Betätigungsfeldern umsehen müssen – und diese gefunden. Denn in den modernen Produktionen des 21. Jahrhunderts gehen metallische Werkstoffe immer mehr zurück und werden durch Keramiken ersetzt. Doch Ende des Jahres 2011 war in Klingenberg Schicht im Schacht, das Werk musste schließen. Heute sollte man eine Wanderung durch die Seltenbachschlucht unternehmen, an deren oberem Ausgang sich das Tonbergwerk befindet – der Hauch von Zechenkultur und Grubenromantik ist immer noch zu verspüren.

Adresse Tonwerk der Stadt Klingenberg, Am Bergwerk 1, 63911 Klingenberg | **Anfahrt** von Klingenberg nach Mechenhard auf der Staatsstraße 2309 | **Tipp** Das Weingut der Stadt Klingenberg, Wilhelmstraße 107, hat unter Kennern einen hervorragenden Ruf.

62 Zentrum der Bekleidungsindustrie

Schick in Unterfranken

Die flotte Sprache gewiefter Werbestrategen bewerkstelligt es im Handumdrehen: Aus einer eher beschaulichen unterfränkischen, dörflichen Gemeinde wird das »Fashion-Village«. Man mag nun zur hippen Werbung im Allgemeinen und der steigenden Anzahl von Anglizismen in der deutschen Sprache im Besonderen stehen wie man will (wenn Ihr Chef zu Ihnen »GSD« sagt, was so viel heißt wie »Get Shit Done«, dann meint er damit auch nur, dass Sie ihren verdammten Job tun sollen), doch zwölf Bekleidungshäuser und Kleiderfabriken an einem Ort mit gerade mal knapp 5.000 Einwohnern gibt den Sprücheklopfern aus den Werbebüros irgendwie leider recht.

Die Heimschneiderei war der Rettungsanker für die Leidersbacher Bevölkerung Ende des 19. Jahrhunderts. Der karge Spessartboden gab der Landwirtschaft immer weniger Chancen, ein gesichertes Einkommen zu erwirtschaften. Da kamen die Ideen eines Johann Wolf und des Johann Desch gerade recht. Beide gelernte Schneider und in langen Wanderjahren in ihrem Beruf geschult, hatten sie die Idee der Herstellung von Konfektionskleidung. Ab 1875 fertige Wolf nun für seinen alten Kumpel Desch, der zwischenzeitlich eine Fabrik für Herrenkonfektion in Aschaffenburg gegründet hatte, in Heimarbeit Teile der Herrenausstattung an. Wie ein Schneeballsystem beteiligten sich innerhalb kürzester Zeit an dieser Form der Heimschneiderei fast alle Familien Leidersbachs. Schon 1905 gab es am Ort 50 Konfektionsschneider, und innerhalb von fünf Jahren stieg diese Zahl noch auf das Doppelte an.

Nach dem Zweiten Weltkrieg hatte diese Form der Arbeit keine Zukunft mehr. Man stellte von Heimarbeit auf innerbetriebliche Bandarbeit um, die Hälfte der Bevölkerung Leidersbachs arbeitete in den 1950er und 1960er Jahren in der Bekleidungsindustrie. Heute, in Zeiten des Fabrikverkaufs, ist Leidersbach das »Fashion-Village«.

Adresse 63849 Leidersbach | **Anfahrt** Leidersbach liegt etwa zehn Kilometer südöstlich von Aschaffenburg und ist über die Strecke Haibach-Gailbach-Soden gut erreichbar. | **Tipp** Die »Rhein-Main-Bienen«, der Frauenhandballverein Sulzbach/Leidersbach, www.fsg-damenhandball.de

63 Der Kurpark

The Rock

Die »Perle des Odenwaldes«, so Lindenfels in selbstbewusster Eigenwerbung, kämpft – wie so mancher Kurort bundesweit – tagtäglich mit denselben Problemen. Droht einmal eine Klinik-Schließung, steht am anderen Tag wieder eines der Ladengeschäfte leer. Um das Fass der täglichen Katastrophennachrichten endgültig vollzumachen, löste sich im November 2009 auch noch ein tonnenschwerer Felsbrocken vom Lindenfelser Burgberg und rollte hinab in den Kurpark. Und rollte und rollte und rollte.

Doch die Lindenfelser Ortsansässigen wären nicht »die Lindenfelser«, wenn sie aus dieser Beinahekatastrophe nicht das Beste machen würden. »The Rock« hatte zwar ein schmiedeeisernes Tor und zwei massive Mauern durchbrochen, blieb jedoch, bevor er richtigen Schaden anrichten konnte, recht dekorativ auf einer Terrasse mit überdachter Pergola liegen. Irgendwie könnte man denken, der steinerne Freund wusste, was sich gehört.

Das Ding jetzt einfach den städtischen Bediensteten aufs Auge zu drücken und von diesen zu verlangen, es mit Handschippe, Besen und Kehrblech aus dem Kurpark zu entfernen, kam den Verantwortlichen in Lindenfels natürlich nicht in den Sinn. Man sah schnell ein, dass es einer logistischen Großtat bedürfte, den Koloss aus dem Park zu entfernen. – Also was tut man, wenn man etwas nicht bewegen kann? Genau: Man lässt es liegen.

So wird nun der Lindenfelser Felsbrocken für längere Zeit eine Attraktion für die Besucher sein. Infotafeln werden die Gesteinsformation erklären, ist der Fels doch massiver Vertreter des Granits im vorderen Odenwald. Einige Humoristen haben auch schon vorgeschlagen, dass man den Stein ein wenig umformen sollte, in Richtung Drachenei, und somit eine schnelle Gedankenstafette installiert hätte: Siegfried, Drachen, Drachenei und Drachenmuseum.

Den Lindenfelsern jedenfalls gehen die Ideen, auch in schwierigen Zeiten, nicht aus.

Adresse 64678 Lindenfels | Anfahrt Der Kurpark liegt unterhalb der Burgruine Lindenfels. Im Altstadtbereich sind mehrere Parkplätze ausgewiesen. | Tipp Die ursprüngliche, traditionelle Gastfreundlichkeit der Odenwälder wird seit Jahrzehnten im Gasthaus »Zum Raupenstein« in Lindenfels-Winterkasten gepflegt.

64 Die Nibelungenfestspiele

Nicht real, doch existent

Astrid Ule und Eric. T. Hansen haben etwas Außergewöhnliches erschaffen. Sie haben einer Kleinstadt im Odenwald welthistorisches Interesse verschafft, obwohl es diesen Ort überhaupt nicht gibt.

Loch im Odenwald ist fiktiv, ist der überbordenden Phantasie der Frankfurter Autorin Astrid Ule und des hawaiianischen Amerikaners (oder amerikanischen Hawaiianers?) Eric T. Hansen entsprungen. Gut, bei hawaiianischen Amerikanern muss man wohl schon einmal ein Auge zudrücken, aber bei einer deutschen Autorin, die noch dazu in der Diaspora des Odenwalds geboren wurde?

Zur Story von »Nibelungenfieber«: Loch ist, wie erwähnt, eine sehr kleine Kleinstadt im tiefsten Odenwald, in der man nach einem Hochwasser einige Gegenstände findet und auf die Idee verfällt, hierbei könnte es sich um Teile des Nibelungenschatzes handeln.

Hurra und Heureka!

Endlich ist etwas los in dem verschlafenen Nest weit hinter dem Mond, endlich hat man die Chance, auch einmal in der Premier League zu spielen.

Man plant große Festivals, den Ausbau des Straßennetzes, Loch wird ab sofort mit einem ganz anderen Gesicht erscheinen. Ein amerikanischer Journalist taucht auch noch auf, vermeldet die Story weltweit, und das Chaos nimmt seinen Lauf.

Es sei hier nochmals betont: Man braucht nicht auf die Suche nach Loch zu gehen, man wird Loch nicht im Atlas finden. Loch findet man trotzdem überall. Auch im Odenwald, Spessart oder der Bergstraße. Loch ist ein Abbild aller Städte und Gemeinden bundes-, europa- und weltweit. Diese Typen, die in Loch das große Rad drehen wollen, diese Blender und Zocker, man findet sie an jeder Ecke. Frei nach Karl Marx, der meinte, dass weltgeschichtliche Tatsachen und Personen sich immer zweimal ereignen – einmal als Tragödie und einmal als Farce –, ist der Roman von Astrid Ule und Eric T. Hansen zu lesen.

Adresse irgendwo und überall im Odenwald, Spessart oder der Bergstraße | **Anfahrt** über die Bundesautobahnen A 5, A 3 oder die A 6 | **Tipp** Die »echten« Nibelungenspiele finden, natürlich, in Worms statt. Unter der Intendanz von Dieter Wedel (»Die Semmlings«, »Der König von St. Pauli«) spielen in jeder Saison bekannte deutsche Schauspielerinnen und Schauspieler auf den Stufen des Wormser Doms.

65__Das Schulmuseum

Non vitae, sed scholae discimus

»Alle Schüler sitzen anständig gerade mit dem Rücken angelehnt in Reihen hintereinander.« Oder: »Sämtliche Kinder schauen dem Lehrer fest ins Auge. Sprechen, Plaudern, Lachen, Flüstern, Hinundherrücken, heimliches Lesen und neugieriges Umhergaffen dürfen nicht vorkommen.«

Und weil es so schön ist, noch einer: »Bücher werden auf Kommando in drei Zeiten herauf- und hinweggetan. Auf eins erfassen die Kinder das unten liegende Buch, auf zwei heben sie das Buch über die Tafel, auf drei legen sie es geräuschlos auf die Schultafel nieder und richten den Blick wieder unverwandt und fest auf den Lehrer.«

All diese Merkwürdigkeiten finden sich im Schulmuseum zu Lohr – ebenso wie ein Bierseidel aus Kaiserszeiten mit der Deckelinschrift: »Es lebe unser Lehrer!«

Schule – viele grausen sich bei dem Wort, wohl nur die wenigsten haben ungetrübte Erinnerungen. Schule – hingehen muss jeder, ob er will oder nicht. Schule ist aber auch ein Spiegelbild der jeweils herrschenden Gesellschaftsordnung. Da ist das Klassenzimmer aus Kaisers Zeiten, der Katheder dezent mit einem Rohrstock dekoriert, oder der Raum aus der NS-Zeit – wirkungsvoll ausgeschmückt mit Hitler-Bild an der Wand und »unzerstörbarer deutscher Reichstinte« in einer der Vitrinen.

Das Schulmuseum im Lohrer Stadtteil Sendelbach ist das größte seiner Art in Franken und wohl eines der eindrucksvollsten in Deutschland. In dem ehemaligen Schulhaus befindet man sich in kürzester Zeit wieder zurückversetzt in die eigene Kindheit, oder man erfährt hautnah, was Väter und Großväter zu ihrer Zeit für schulische Erlebnisse hatten.

Lohr, laut internationaler Eigenwerbung »the lovely Franconian town on the Main«, präsentiert in seinem Museum Unterrichtsmaterialien und Spielsachen aus zwei Jahrhunderten – ein wunderbarer Einblick in die Pädagogik von längst vergangenen Zeiten.

Adresse Sendelbacher Straße 21, 97816 Lohr am Main | **Anfahrt** über die Neue Mainbrücke auf die Staatsstraße 2437 zur Sendelbacher Straße | **Öffnungszeiten** Mi–So 14–16 Uhr; für Schulklassen und Gruppen nach Vereinbarung | **Tipp** Gunhilde Hock vom Landgasthof »Zur alten Post« in Lohr-Sendelbach ist Gastwirtin aus Passion, und das spürt der Gast sofort, nachdem er ihn betritt, diesen Ort des Wohlfühlens und Genießens.

66 Das Alte Rathaus

Wandmalerei im Nibelungensaal

Die künstlerische Ausstattung des Nibelungensaals nimmt den Besucher sofort gefangen. Sieht man an der Ostwand des Saals Karl dem Großen ins einflussreiche Auge (in dem sich übrigens mächtige Auseinandersetzungen widerspiegeln, Kriege in immensem Ausmaß wie die Sachsenkriege oder die Unterwerfung der Langobarden), zeigt die Wand im Westen in drei riesigen Gemälden die große politische und reichsgeschichtliche Rolle des Klosters zu Lorsch.

Belegt eine weitere Wand die örtliche Geschichte des Klosters, geheimnisvoll gelegen zwischen Rhein und Odenwald, mystisch und doch erstaunlich lebhaft dargestellt in seinem waldreichen Umfeld, sieht man auf einem anderen Bild den finsteren Hagen, der die Lanze gegen den strahlenden Siegfried schleudert, und wie man den toten Helden auf einer Bahre durch den Wald gen Worms trägt.

Das Rathaus zu Lorsch hat eine lange und bedeutende Geschichte. Schon ab Mitte des 16. Jahrhunderts soll an der Stelle des heutigen Gebäudes eine Art Versteigerungshalle gestanden haben, die eine kommunale Funktion ausübte. Der Grundbau des Hauses weist erstaunliche Ähnlichkeit mit dem Rathaus in Heppenheim auf, sodass man davon ausgeht, dass nach den gleichen Plänen gebaut wurde.

1902 wurde das Rathaus erweitert, der obere Stock des Baus bekam einen repräsentativen Saal, den Georg Beringer mit eindrucksvollen Wandmalereien ausstattete.

Beringer begann Anfang der 1930er Jahre, als gebürtiger Wormser von der Nibelungensage inspiriert. Erfahrungen mit großformatigen Malereien hatte er schon bei den Ausmalungen im Wormser Domgewölbe gesammelt, Erfahrungen, die er nun in Lorsch bestens verwerten konnte. Für die monumentalen Wandmalereien konnte er keine kleinen Histörchen gebrauchen, große Geschichte musste es sein. Beringer setzte dabei auf Karl den Großen und eben die Nibelungen. Georg Beringer starb 1944, bevor er das große Mittelbild vollenden konnte.

Adresse Marktplatz 1, 64653 Lorsch, Tel. 06251/175260 | **Anfahrt** von der B 47 zur Bensheimer Straße, links zur Bahnhofstraße einbiegen, nochmals rechts zur Kirchstraße und dann rechter Hand auf den Marktplatz | **Öffnungszeiten** März–Okt. an Sonn- und Feiertagen ab 14 Uhr | **Tipp** Das Weltkulturdenkmal Kloster Lorsch ist bei einem Besuch der Stadt natürlich obligatorisch. Alle Infos unter: www.kloster-lorsch.de.

67 Die Hochwassersäule

200 Jahre Mainhochwasser

Hochwasser wird der Zustand genannt, wenn der Pegelstand eines Flusses deutlich über dem Normalpegelstand liegt.

So weit wäre das verstanden und alle, die an keinem Wasserlauf leben oder hoch genug wohnen, dass ihnen steigende Pegelstände egal bleiben können, gehen nun zur Tagesordnung über. Hochwasserkatastrophen kennen sie nur aus dem Fernsehen, wenn mal wieder der Rhein die Kölner Altstadt unter Wasser gesetzt hat oder der Main das Gleiche mit Frankfurt veranstaltete. Überflutete Straßen und unterspülte Keller sind für die meisten Menschen surreale Katastrophen, zwar irgendwie vorhanden, aber persönlich nicht greifbar.

Ganz anders geht es da den Menschen in Städten und Gemeinden entlang des Mains. Um zu verdeutlichen, wie hoch ein Hochwasser sein kann, steht dort in der Nähe des Mainufers seit 2004 die Hochwassersäule. Historische Angaben über die Pegelstände sind zwar recht präzise, doch für den modernen Menschen des 21. Jahrhunderts eher verwirrend. Der Kaplan Joseph Schmitt berichtete so vom Hochwasser vom März 1845: »Ca. 3 Schuh im Erdgeschoß und 8 Schuh im Garten«. Mit ein wenig Vorstellungskraft lässt sich denken, wie hoch das Wasser den Einwohnern damals am Halse stand, klare Marken in Metern und Zentimetern sind da aber doch hilfreicher.

Der Geschichtsverein Mainaschaff hat sich durch alle vorhandenen Dokumente gewühlt und mit der Säule einen Gedenkstein hergerichtet, der mit erstaunlicher Genauigkeit die Hochwassermarken der vergangenen 200 Jahre aufzeichnet. Der Sockel der Sandsteinsäule ist 25 Zentimeter hoch, die Oberkante wurde bei 110,00 Metern über Normalnull einbetoniert – durch modernen Hochwasserschutz überschreitet das Mainwasser diesen Wert in jüngster Zeit jedoch kaum noch.

Ach so, den Spruch »Der hat ja Hochwasser gemeldet« kennt in der Region jedermann. Er gilt für den Fall, in der die Jeans deutlich über dem Fußknöchel aufhören, Hosen zu sein.

Adresse Schwanengasse, 63814 Mainaschaff | Anfahrt vom Bahnhof/Bahnhofstraße aus in Richtung Stockstadter Straße laufen, dann links bis zur Straße »Ankerplatz«, von dort noch bis zur Schulstraße gehen, dann rechts in die Schwanengasse abbiegen; am Ende der Gasse steht die Säule | Tipp Am Wochenende lädt das Marionettentheater »Das Puppenschiff« Kinder und Erwachsene zu liebevoll inszenierten Vorstellungen ein.

68__Das Franck-Haus

Geschichte in Smalte-Blau

Man nennt es auch noch Streublau, Böhmisch- oder Sächsischblau, und es ist nicht nur das edelste Blau der Malerei – Smalte-Blau ist mit Abstand das schönste blaue Blau, das man sich vorstellen kann. Schon die alten Ägypter (die bei so mancher Erklärung genauso herhalten müssen wie die alten Römer) verwandten dieses Farbpigment. Der Weinhändler und Kaufmann Franz Valentin Franck (1702–1777) war der Bauherr des schmucken, smalte-blauen Hauses im Herzen Marktheidenfelds. Diese Farbe galt zu Zeiten Francks auch als die teuerste Farbe überhaupt, was zeigt, dass der Händler selbstbewusst auf seinen Reichtum hinzuweisen wusste. Franck hatte zwei bestehende Häuser aufgekauft und verbreitert. Mit der Überbauung der Hofzufahrt wurden beide Gebäude miteinander verbunden. Das Haus wurde dann mehrfach verkauft, einige Kenner werden an einem Namen aus der Eigentümerliste des Hauses hängen bleiben: Johann Georg Andreas Schulz, seines Zeichens ebenso Weinhändler wie Franck, gilt als der Erfinder der Sektherstellung, das Franck-Haus wird daher auch als die deutsche »Sektwiege« bezeichnet.

2005 erbte die Stadt Marktheidenfeld die kuriose und wunderschöne Sammlung des Münchner Feuerwehrmanns Valentin Kaufmann. Kaufmann hatte ein Hobby, das kaum verbreitet ist. Er schrieb, zum eigenen Vergnügen, zwölfeinhalbtausend Worte auf eine Postkarte, je kleiner der Objektträger, umso interessanter für den beschriftungswütigen Valentin. In seinem Nachlass, Valentin Kaufmann starb schon 1956, befanden sich auch über zehn handgeschriebene und buchbinderisch exakt gefasste Miniaturbücher, in denen er mehr oder minder interessante Münchner Ereignisse aufgeschrieben hatte. Das alles wird im Franck-Haus als kleinste Bibliothek der Welt präsentiert. Warum Kaufmann gerade Marktheidenfeld seine Sammlung überließ? Er stammte aus Lengfurt, einen Katzensprung von Marktheidenfeld entfernt.

Adresse Untertorstraße 6, 97828 Marktheidenfeld | **Anfahrt** die A 3 an der Ausfahrt Nr. 65/ Marktheidenfeld verlassen, dann über die B 8 nach Marktheidenfeld, dort rechts auf die Petzoltstraße abbiegen, links in die Obertorstraße und dann nach wenigen Metern rechts in die Obere Gasse, über die Straße Mainkai und Fahrgasse zum Untertor gehen | **Öffnungszeiten** Mi–Sa 14–18 Uhr, So und feiertags 10–18 Uhr | **Tipp** Die Urspringer Synagoge in 97857 Urspringen, Judengasse 1, liegt quasi bei Marktheidenfeld um die Ecke.

69__Das Wirtshaus

Frau Pulver, Herr Thompson und die anderen

Es geht einfach nicht!

Glauben Sie es uns.

Wir haben es ernsthaft versucht und sind gescheitert.

An Kurt Hoffmanns Film »Das Wirtshaus im Spessart« und an seinem Sequel »Das Spukschloss im Spessart« kommt man nicht vorbei. Dabei ist das Wasserschlösschen über die letzten Jahrzehnte totgeschrieben und totfotografiert worden. Es wurde auf Brötchentüten aufgedruckt und als Fensteraufkleber vermarktet. Spessarträuber hier, Wirtshaus da – einfallsreiche Marketingfachleute kamen dann auch noch auf die folgerichtige Idee, die Region »Spessarträuberland« zu taufen.

Begonnen hat alles am 14. Mai 1826. Der Dichter Wilhelm Hauff machte gegen Mittag Rast im Gasthaus »Zur Post« in Hessenthal auf seiner Fahrt mit der Postkutsche von Nördlingen nach Frankfurt am Main. Angenommen, Hauff hätte ein reales Vorbild für sein »Wirtshaus« gehabt, liegt es nahe, dass er die »Post« in Hessenthal gemeint haben muss. »Es war ein langes, aber niedriges Haus, ein Karren stand davor und nebenan hörte man Pferde wiehern«, so die Beschreibung des Dichters.

Der Film hat nur einige wenige Motive aus der Hauff'schen Erzählung übernommen, Hauff selbst erwähnt das Wirtshaus außer im Titel seiner Geschichte nur noch einmal ganz am Ende der Erzählung. Durch den Film wurde ein ganzer Landstrich bundesweit bekannt. So war nicht nur das Schloss Mespelbrunn einer der Drehorte des überaus erfolgreichen Films, auch der Marktplatz von Miltenberg spielte mit. In der Eingangsszene schlägt der in Darmstadt geborene Schauspieler Georg (»Schorsch«) Lehn das Fahndungsplakat der Räuber an die Aushangtafel, und Rudolf Vogel als Perucchio singt dort das Lied der Räuber im dunklen Spessartwalde. Die lose Fortsetzung des Films »Das Spukschloss im Spessart« wurde nicht mehr in Mespelbrunn gedreht, Drehort war Schloss Oelber in Niedersachsen.

Adresse Würzburger Straße 9, 63875 Mespelbrunn-Hessenthal | Anfahrt die A 3 bei Weibersbrunn verlassen, Richtung Mespelbrunn halten, am Ortseingang von Hessenthal rechts nach Aschaffenburg fahren | Tipp Die Spessartbühne Mespelbrunn »Theater in der Post«, www.spessart-buehne.de.

70 Flugplatz Waldhorn

Die Fahndungspanne

Es ist der 4. August 1978. Ein ganz normaler Freitag.

Beim Bundeskriminalamt gehen Hinweise ein, dass am 6. August, dem kommenden Sonntag, zwei junge Männer und eine junge Frau vom kleinen Michelstädter Flughafen am Waldhorn einen Hubschrauberflug antreten wollen. An sich eine Meldung ohne jedwede Brisanz, doch erstaunlicherweise macht sich eine Observierungsgruppe des BKA am 5. August auf den Weg in das Odenwälder Städtchen und kann einen Tag später beobachten, wie die drei jungen Leute mit einem Mercedes 230 am Flughafen ankommen. Zu dieser Zeit hatten die Verantwortlichen des BKA die drei identifiziert. Dem Team vor Ort wurden die Namen übermittelt. Christian Klar, Willy Peter Stoll und Adelheid Schulz. Alle drei waren gesuchte Terroristen. Den Beamten vor Ort wäre eine Verhaftung sofort möglich gewesen, doch sie ließen das Trio in den Hubschrauber einsteigen. Der Pilot berichtete später, seine Passagiere hätten sich als Filmteam ausgegeben, sie würden Luftaufnahmen aus dem Rhein-Main-Neckar-Raum anfertigen. Die Koordinaten des Flugschreibers, die das BKA dann nach der Landung überprüfte, zeigten, dass das angebliche Filmteam speziell an Aufnahmen von Justizvollzugsanstalten wie Bruchsal und Frankfurt/Preungesheim interessiert war.

Nachdem der Hubschrauber nach guten zwei Stunden wieder in Michelstadt landete, passierte das Unglaubliche: Klar, Stoll und Schulz setzten sich, beobachtet von mehreren BKA-Fahndungsteams, wieder in ihren Mercedes und hängten nach und nach sieben Verfolgerfahrzeuge des Bundeskriminalamts ab. BKA-Behördenchef Boeden dazu: »So was kann ja mal vorkommen.«

Christian Klar und Adelheid Schulz sind bis heute in den Schlagzeilen. Adelheid Schulz steht als Mittäterin am Mord an Siegfried Buback vor Gericht, ihr alter Kampfgenosse Klar, ebenfalls in den Fall involviert, verweigerte als Zeuge in diesem Prozess die Aussage.

Adresse Flugplatz Waldhorn an der Mossauer Straße, 64720 Michelstadt | **Anfahrt** über die B 45, am VW Autohaus in den Hammerweg einbiegen, dann geradeaus durch die Bahnüberführung in die Mossauer Straße | **Tipp** Einen guten Ausblick auf den Flugbetrieb (mit und ohne Terroristen) bietet die Flugplatzgaststätte »Roter Baron«.

71__Marktplatz

Zwei Chaplin-Söhne

»Columbus entdeckt Krähwinkel« heißt der Filmstreifen, 1953 von Gyula Trebitsch produziert, das Drehbuch schrieb der unverwüstliche Komödiant Axel von Ambesser. Es bedarf keines Hochschulstudiums oder gar der Promotion (Freiherr zu Guttenberg hin oder her), um die Story zu verstehen: Zwei Ex-Soldaten, Marke flotte Sonnyboys, mit Namen Jimmy und Clark kommen zu ihren Mädels nach Krähwinkel zurück. Im Kopf die modernsten Ideen, um das verschlafene Nest ein wenig aufzupeppen. Das war auch schon die ganze Handlung. Das alles wird launig-humorvoll von einem großen Aufgebot von namhaften Schauspielern der Zeit dargeboten: Rudolf Platte ist mit dabei, ebenfalls Hubert von Meyerinck, Ursula Herking, Albert Florath und Paul Henckels. Die Hauptrollen aber spielen die beiden Chaplin-Söhne Sydney und Charles junior.

Nun ist es ja nicht automatisch so, dass die Töchter oder Söhne von großen Schauspielern ebenfalls große Schauspieler sein müssen. Diese Feststellung untermauern die Chaplin-Brothers nachdrücklich. Charles junior, des großen Chaplins Erstgeborener, spielte zwar schon als Teenager neben seinem Vater in dem Film »Rampenlicht«, konnte dann aber nur in wenigen und unbedeutenden Nebenrollen reüssieren. Einen ähnlichen Lebensweg beschritt auch Sydney Chaplin, ebenfalls von seinem Vater in »Rampenlicht« besetzt. Auch er konnte nie richtig Fuß fassen im Filmgeschäft.

Die Filmkritik der 1950er Jahre, nicht gerade verwöhnt durch heimatliche cineastische Highlights, hat diesen, in die Kategorie »Heimatfilm« eingeordneten Streifen, als etwas ruckhaft und umständlich beschrieben. Diesem Fazit muss man wohl zustimmen, denn auch der geballte Auftritt der deutschen Komikerriege, zwei Chaplin-Söhne und die herrliche, romantische Altstadt von Michelstadt mit seinem eindrucksvollen Rathaus und dem Marktplatz konnten den Film an der Kinokasse nicht mehr retten.

Adresse Marktplatz, 64720 Michelstadt | Anfahrt An der B 45 liegt direkt der Parkplatz »Bienenmarkt«. Von da wenige Gehminuten zum Marktplatz. | Tipp Für alle Liebhaber großer Volksvergnügungen gibt es um die alljährliche Pfingstzeit nur ein Anlaufziel: den Michelstädter Bienenmarkt.

72 Limes-Wachturm Wp 10/15

Im oberen Haspel

Im Odenwald verläuft der Limes (das Wort bedeutet zuerst einmal nur »Schneise«, mutierte dann aber zum Begriff »Grenze«; der Plural von Limes klingt übrigens fruchtig: »limites«) in etwa einer Linie von Bad Wimpfen am Neckar bis nach Wörth am Main. Gut 80 Kilometer sind dabei zu bewältigen. Mit dem nach historischen Unterlagen rekonstruierten Limes-Wachturm in unmittelbarer Nachbarschaft zum Segelflugplatz in Vielbrunn hat man nun die Möglichkeit, sich über Funktion und Bedeutung des einstigen römischen Grenzwalls zu informieren.

Um 100 nach Christus begannen die Römer, die Provinz Obergermanien planmäßig zu besiedeln. Um diese neue Provinz vor den einheimischen Germanen (die man, wenn man es höflich ausdrücken will, noch als sehr wild bezeichnen muss und die wohl in Rekordzeit durch ihre germanische Kinderstube gefegt sein müssen) zu schützen, legten sie den Limes an. Dieser war nicht so sehr als Verteidigungslinie gedacht, sondern mehr als eine Art überwachte Grenze. Durch die errichteten Türme und Palisaden war es möglich, den Grenzverkehr an bestimmten Stellen zu kontrollieren. Bis zum Jahre 155 nach Christus war der Odenwald-Limes die Grenze des Römischen Reichs zwischen Main und Neckar. Einige Kastelle, sogenannte Numeruskastelle mit bis zu 150 Mann Besatzung, waren die Kastelle Lützelbach, Eulbach oder Würzberg. Weiter in südlicher Richtung lagen noch die Kohortenkastelle Oberscheidenthal und Neckarburken, die mit bis zu 500 Soldaten belegt waren.

Der Odenwald-Limes ist seit dem 19. Jahrhundert sehr gut erforscht, Franz I. Graf zu Erbach-Erbach unterstützte in dieser Zeit erste Ausgrabungen. Mehrere Museen zum Thema sind an der Strecke aufgebaut worden, ständig wird entlang der Limesstrecke weitergearbeitet, und es werden neue Informationsstände eingerichtet.

Adresse 64720 Michelstadt-Vielbrunn | **Anfahrt** Der Turm befindet sich an der L 3349 Richtung Wörth am Main am sogenannten »Oberen Haspel«. Wanderer folgen immer der Auszeichnung »L«. | **Tipp** Der Englische Garten in Eulbach liegt einige Kilometer vom Wachturm entfernt in Richtung Michelstadt/Erbach.

73 Ein Denkmal für Joseph Martin Kraus

Der Odenwälder Mozart

Hier steht er – unmittelbar am Marktplatz zu Miltenberg – unverrückbar und standfest: Joseph Martin Kraus. Die Lebenseckdaten des weltberühmten Wolfgang Amadeus Mozart (der die Region unserer Beschreibung durch einige Besuche in Mannheim ein wenig kannte) und des beinahe vergessenen Joseph Martin Kraus sind annähernd gleich. Wurde das Wolferl am 27. Januar 1756 in Salzburg geboren, erblickte Kraus am 20. Juni 1756 in Miltenberg das Licht der Welt. Gestorben ist Mozart am 5. Dezember 1791 in Wien, Kraus' Sterbedatum liegt einen Hauch und ein Jahr darüber – der 15. Dezember 1792.

Dass beider Karrieren weniger symmetrisch verliefen – Mozart, hochberühmt und hochverehrt, seine Werke allenthalben auf den Spielplänen der großen Konzerthäuser weltweit, hingegen Kraus fast vergessen und nur in seinem Gastland Schweden noch einigermaßen populär –, hat wohl etwas mit der nicht greifbaren Ungerechtigkeit des Seins zu tun.

Kraus kam 1778 durch die Vermittlung seines Freundes Carl Stridsberg nach Schweden. Er komponierte eine Oper (»Proserpina« 1781), aber auch etliche Sinfonien, Flötenkonzerte, Streichquartette und ein Requiem. Kraus erhielt von »seinem« König allerhand Freiheiten, sodass er 1782 an seine Eltern schrieb: »… der König unterhielt sich heute wieder eine Viertelstunde mit mir und machte mir ob meiner Musik ein Kompliment …«

Dieser geliebte König starb im März 1792 an den Folgen eines Attentats, Kraus schrieb zu dessen Beerdigung die »Symphonie funèbre«. Gebrochen und untröstlich über den Tod des Souveräns starb Kraus schon neun Monate später, am 15. Dezember 1792, in Stockholm – sein Grab liegt auf der Tivoli-Halbinsel am See Brunnsviken nördlich der schwedischen Hauptstadt.

Adresse Marktplatz, 63897 Miltenberg | **Anfahrt** A 3 bei Stockstadt verlassen und auf der B 469 weiter in Richtung Obernburg/Miltenberg. In Miltenberg am Mainufer parken und zu Fuß in die Altstadt gehen. Joseph Martin Kraus steht dann, fest und unverrückbar, am Marktplatz von Miltenberg. | **Tipp** Einen guten Überblick über Leben und Werk des Komponisten zeigt die Kraus-Gesellschaft in Buchen, Haagstraße 10.

74__Der Flugplatz

Atomsprengköpfe und Kalter Krieg

Schon die Anfahrt ist ein Genuss, eine Art sinnlicher Roadtrip – man verlässt Alltag, Stress und Hektik im Tal und begibt sich in eine andere Welt. Eine schmale Straße windet sich Richtung Mainbullau, je höher man steigt, umso grandioser wird der Ausblick ins Maintal in Richtung Miltenberg und die Weinterrassen entlang des Flusses.

Einen hervorragenden Namen hat man sich in dem Ort mit dem romantischen Löschteich in der Mitte als Segelfluggelände gemacht. Seit 1957 die ersten Flüge unternommen wurden, wurde hier ständig ausgebaut und erweitert. Doch mit dem Namen Mainbullau verbindet sich auch ein ehemaliger Atomwaffenstandort.

Im Rahmen der Luftverteidigung Europas im Kalten Krieg gab es den sogenannten »Nike-Herkules-Flugabwehrgürtel«. Dieser verfügte über atomare Feuerstellungen in sechs verschiedenen Bundesländern. Einer der Standorte war, kaum zu glauben, Mainbullau in Unterfranken. Die dort stationierte »B-Battery, 1st Missile Battalion, 67th US-Army-Artillery Div.« bestand aus drei Bereichen: den Unterkünften, dem Feuerleitbereich und dem Abschussbereich.

In der US-Stellung Mainbullau waren von 1961 bis 1970 atomare Flugabwehrraketen vom Typ »Nike« stationiert. Diese verblieben dort bis 1979. In den Jahren von 1970 bis 1979 nutzten die Amerikaner das Gelände kaum, doch man plante eine »Interim Pershing Site 19«. Dies klingt jetzt erst einmal nach Kevin Cline in »Ein Fisch namens Wanda« (»Dies ist eine XK 22, ein Doppelbluff!«), hat aber einen sehr ernsten Hintergrund. In den Zeiten des NATO-Doppelbeschlusses (um diesen Ausdruck mal wieder ins Gedächtnis zu rufen: Hierbei handelte es sich um Verhandlungen des westlichen Militärbündnisses, der NATO, mit seinem östlichen Pendant, dem Warschauer Pakt, über eine beidseitige Begrenzung atomarer Mittelstreckenwaffen) war das Gelände im Miltenberger Stadtteil Mainbullau im Gespräch für eine Pershingstellung.

Adresse 63897 Miltenberg-Mainbullau | **Anfahrt** Der Flugplatz liegt außerhalb Mainbullaus auf einem Bergplateau, dem Bullauer Berg, den Insider auch den »Bullauer Flugzeugträger« nennen. Ausschilderung innerorts vorhanden. | **Tipp** Dort ist auch das Fallschirmsprungzentrum Odenwald zu Hause. www.air-sport.de, www.mainbullau.de

75 Die Kriegsgräberstätte

Vom Leiden des Menschen

Die Deutsche Kriegsgräberfürsorge kümmert sich um Millionen Grabstätten von in kriegerischen Auseinandersetzungen zu Tode gekommenen Menschen. Die humanitäre Organisation hat auch den Friedhof auf dem Geisberg in Brandau Mitte der 1960er Jahre angelegt, um Kriegstote aus den südhessischen Landkreisen gemeinsam zu bestatten. 461 Opfer des Ersten und Zweiten Weltkriegs wurden an dieser Stelle beigesetzt. Es waren gefallene deutsche Soldaten, zivile Opfer der Bombennächte, aber vor allem liegen hier sowjetische und jugoslawische Kriegsgefangene sowie sowjetische und polnische Zwangsarbeiter und Zwangsarbeiterinnen.

Besonders nachdenklich stimmen auch die Gräber sogenannter »Displaced Persons«, also Überlebende der Zwangsarbeit, die nach der Kapitulation am 8. Mai 1945 an den Folgen der jahrelangen Misshandlungen noch starben.

Stellvertretend für die Schicksale der hier ruhenden Menschen steht der Name des holländischen Zwangsarbeiters Marinus Derven. Dessen letzter Aufenthaltsort soll das Lager Rollwald bei Nieder-Roden (heute zu Rodgau gehörig) gewesen sein. Die Nazis hatten dieses Lager 1938 als Strafgefangenenlager eingerichtet – Haftgründe waren neben den üblichen kriminellen Delikten auch ganz spezielle NS-Straftatbestände wie Homosexualität, Vorbereitung zum Landesverrat oder Fahnenflucht.

Marinus Derven wurde, wie fast alle anderen Gefangenen, in der Landwirtschaft eingesetzt. Die Zwangsarbeiter sollten Wälder abholzen oder mussten sumpfiges Gebiet entwässern. Dabei standen die Gefangenen häufig bis zu den Hüften im kalten Wasser. Bei Arbeitszeiten von bis zu zehn Stunden am Tag, unzureichender Ernährung und miserablen hygienischen Bedingungen führte dies in den meisten Fällen zu schweren Krankheiten. Auch der Holländer Derven blieb davon nicht verschont. Vermutlich starb Marinus, gerade mal 24 Jahre alt, am 31. März 1944 an einer doppelseitigen Lungenentzündung.

Adresse Modautal-Brandau | Anfahrt von Darmstadt die B 449 nehmen und bei Ober-Ramstadt die B 426 Richtung Lindenfels/Modautal fahren, kurz vor Brandau links in Richtung Beedenkirchen abbiegen | Tipp Der »Kaiserturm« auf der Neunkircher Höhe ist ein Ausflugsziel besonderen Ausmaßes.

76_Ortsschilder kurios

Die »Gesäße« – mittendrin und nicht am Hintern der Welt

Natürlich klingt »liebe Frankfurter und Frankfurterinnen« oder »liebe Darmstädter und Darmstädterinnen« ein wenig eingängiger als »liebe Mensengesäßer und Mensengesäßerinnen« – zumal in offiziellen Ansprachen.

Dennoch: Auf der Landkarte mit den skurrilsten Ortsnamen gibt es einiges mehr zu entdecken. Da haben wir 14547 Busendorf, 67466 Krankenthal oder 54689 Jucken. Hübsch auch die Kombination von Nachnamen und Wohnorten. Da lebt Herr Hanf in 84626 Drogen und Frau Sauermilch in 06862 Hundeluft.

Kuriose bis skurrile Ortsnamen allenthalben.

Auch in unserer Region. Hier haben wir, mit Verlaub, höchst attraktive und reizvolle »Gesäße«. Mensen-, Falken-, Etzen- oder Weiten-Gesäß, alles kleine Ortsteile größerer Gemeinden oder Städte, ländlich geprägt und mit intaktem, kooperativem und kollektivem Gemeinschaftsgeist. Der Appendix »Gesäß« dieser an Einwohnern meist nicht sehr reichen, liebenswerten Ortschaften hat, um dies ein für alle Male zu klären, dann auch gar nichts mit einem etwaigen »Leben am Gesäß der Welt« zu tun. Der Begriff »Gesäß« stammt aus altem hochdeutschen Wortschatz und kommt ursprünglich von »Gesesse«, was man ohne Hintergedanken mit Wohnort oder Feuerstelle übersetzen kann.

Schwer haben es dabei gerade die Mensengesäßer. Behaupten doch humoraffine Mitmenschen, der Ortsname leite sich von »Menschengesäß« ab. Auch bei Etzen-Gesäß bleibt der Betrachter erst mal am hinteren (sic!) Teil des Wortes hängen. Die Erklärung folgt auf dem Fuße: »Etzen« hat etwas mit dem Wort »Eisen« zu tun, an der Stelle des Orts befanden sich zu Urzeiten ein Eisenhammer und eine Waldschmiede. Und auch Falken-Gesäß muss die seriöse Erläuterung nicht fürchten: Die Falken waren eine germanische Stammesart, die ihre Feuerstelle auf der Gemarkung des heutigen Rothenberger Ortsteils eingerichtet hatten.

Adresse 63776 Mömbris-Mensengesäß | Anfahrt von der A 3 Ausfahrt Hösbach auf die B 26 in Richtung Schöllkrippen/Mömbris fahren, in Mömbris von der Schönbornerstraße in Richtung Markthof abbiegen und dann links in die Bahnhofstraße | Tipp In der »Doppelmühle«, Mühlweg 23, in Mömbris-Strötzbach wurde ein Mühlenmuseum eingerichtet. Besuch Mai–Okt. nach Absprache, Tel. 06029/7896.

77__Spessartbad

Als KdF-Bad eröffnet

Dem Mönchberger Spessartbad ging es im Jahre 2008 auch nicht viel besser als so manchem Freibad in der Region. Ob nun Klingenberg, Erlenbach, Trennfurt, Miltenberg oder Amorbach – alle zeigen sich im gleichen Schicksale vereint.

Sind die Gelder knapp in den kommunalen Kassen und werden Sparmaßnahmen erwartet, so spart der gemeine Kommunalpolitiker (das hat er sich bei den großen Kollegen im Land und im Bund so abgeschaut) bei der Kultur oder am Sozialetat. Doch die Mönchberger kämpften um ihr Bad, hatten doch dort mehrere Generationen das Schwimmen erlernt.

2008 war nun aber auch ein Jubiläumsjahr. Der erste Spatenstich zum Bau des Spessartbads im idyllischen Brunnwegstal erfolgte im Jahre 1938. Ein 75 Meter langes Becken, Fünf-Meter-Sprungturm, eine Cafeteria und eine Wasserrutsche waren für diese Zeiten außergewöhnlich. Ausmaße und Lage machten die Badeanstalt, die der NS-Organisation »Kraft durch Freude« untergeordnet wurde, zur touristischen Attraktion. »KdF«-Reisegruppen aus dem gesamten Reichsgebiet brachten dem Ort einen ungeahnten touristischen Aufstieg. Der Krieg verhinderte die weitere Expansion, das Bad musste schon 1942 wieder geschlossen werden.

Die nationalsozialistische Unterorganisation der Deutschen Arbeiterfront »Kraft durch Freude« hatte die Aufgabe, die Freizeitunternehmungen der Bürger im NS-Staat zu strukturieren und, das war der treibende Gedanke, auch zu kontrollieren. Das tat sie mit Vehemenz. Ob Reisen, Wandern, ins Theater gehen oder eben Schwimmen – »Kraft durch Freude« organisierte den Ablauf und wusste immer genau wann der, seiner Mündigkeit beraubte, NS-Mensch wo war.

Nach 1945 wäre das Spessartbad beinahe geschlossen geblieben, doch der örtliche Sportverein erkannte das Potenzial des Bads für den Erholungsort und beschloss, es am Leben zu erhalten – schon zur Sommersaison 1950 konnte man wieder eröffnen.

Adresse 63933 Mönchberg | **Anfahrt** über Klingenberg in Richtung Eschau, kurz vor Markt Eschau rechts in Richtung Mönchberg abbiegen | **Öffnungszeiten** Mitte Mai – Mitte Sep. 9–20 Uhr | **Tipp** Die »Wipfelglück Baumhaushotelanlage« bietet Übernachtungsmöglichkeiten in luftiger Höhe.

78__Der Kiwwelschisserbrunnen

Modernes WC-Management geht anders

Ein hiesiger Zeitgenosse, dem der etwas anrüchige Ausdruck »Kiwwelschisserbrunnen« nicht so recht über die Lippen wollte, rettete sich in die englische Sprache und äußerte sich nur noch über den »Bucket of Excrement Fountain«.

Ein nicht unmodernes Beispiel dafür, dass ab und an der Gebrauch der englischen Sprache hilfreich sein kann – dennoch, man muss es ja nicht übertreiben. Zurück zum Fall: Mit der »Volte Anglaise« war er zwar immer noch nicht aus der Nummer heraus, zu erklären, warum man die Bevölkerung Mosbachs die »Kiwwelschisser« nennt. Doch brachte ihm das Anglisieren des Begriffs und die daraus erfolgte Verwirrung des Fragestellers den nötigen Zeitvorsprung, um sich eine nette Erklärung zurechtzulegen. Der Mensch früherer Jahrhunderte entledigte sich eines täglich aufkommenden Grundbedürfnisses zumeist auf dem häuslichen oder nachbarlichen Misthaufen. Die Mosbacher waren da schon mehrere Schritte weiter (nein, nicht beim übernächsten Nachbarn!), sie benutzten einen »Kiwwel«, ergo einen Kübel. Ausgediente Weinfässer gab es zuhauf, doch musste man sie ja nicht alle zu Brennholz zerschlagen.

Da das Städtchen Mosbach einen wunderschönen mittelalterlichen Grundriss hat und sich die schmucken Häuschen im traditionellen Fachwerk eng aneinanderfügten, waren nur sehr schmale, kleine Gässchen von Haus zu Haus vorhanden. Doch der Platz genügte genau, um die jeweiligen Familienkiwwel aufzustellen. Dort sammelte man dann das, was der Mosbacher die »gut Brieh« nannte. Das macht dann Sinn, wenn man sich vergegenwärtigt, dass das Mosbacher Umland reich war an kargen Böden und man nun die »gute Brühe« zum Düngen gerne verwandte. Mosbachs Nachbarn nannten folgerichtig dann auch die Einheimischen die »Kiwwelschisser«. Nun kann man sich ob eines solchen Namens ärgern oder selbstbewusst damit umgehen. Die Mosbacher wählten Variante zwei und sind stolz auf ihren »bucket«.

Adresse Alter Schulplatz, 74821 Mosbach | **Anfahrt** Man folgt als Pkw-Fahrer der Ausschilderung »Innenstadt« und »Marktplatz«. Rund um den Marktplatz sind einige kostenfreie, aber auch gebührenpflichtige Parkplätze ausgewiesen. Durch verschiedene leine Gässchen wie die Collekturgasse oder die Badgasse kommt man auf den »Alten Schulplatz«. | **Tipp** Ein Hort der Vielfalt und ein Füllhorn der Historie ist das Stadtmuseum in Mosbach.

79 Die KZ-Gedenkstätte

Der »Goldfisch«-Lehrpfad

Es müssen nicht so grauenvoll-berühmte Namen wie Josef Mengele oder Rudolf Höß sein. Weniger durch die Presse gezerrte NS-Individuen genügen auch, um Schauer zu verbreiten. Allein bei den Namen Josef Kramer und Fritz Hartjenstein versteinern die Gesichter der Überlebenden der Shoah.

Neben so berüchtigten Namen wie Adolf Haas, Karl Otto Koch oder Anton Kaindl ging der Name Kramers als »Bestie von Belsen« in die NS-Geschichte ein. Von Oktober 1942 bis April 1944 war er Kommandant des KZ Natzweiler-Struthof im Elsass, Hartjenstein war Lagerkommandant der daraus folgenden Außenlager. Durch das Heranrücken der alliierten Truppen nach der Befreiung Frankreichs im Frühjahr 1944 existierte Natzweiler nur noch auf dem Papier als eine Art Stammlager diverser Außenstellen. Eine dieser Außenstellen, die in Südhessen und Teilen Baden-Württembergs errichtet wurden, war Neckarelz. Speziell in der Schlussphase des Zweiten Weltkrieges kam es zwischen diesen Außenlagern zu einem ständigen Häftlingsaustausch.

In Neckarelz mussten bis zu 5.000 Gefangene aus den verschiedensten Lagern brutale Zwangsarbeit verrichten. Unter den Tarnnamen »Goldfisch« (heute ein zeithistorischer Lehrpfad) und »Brasse« war eine unterirdische Fabrik für Flugzeugmotoren der Daimler-Benz AG im Frühjahr 1944 eingerichtet worden. Um die Bombermotorenproduktion vor den alliierten Luftangriffen zu schützen, hatte der sogenannte »Jägerstab« – das waren die SS, das Rüstungsministerium um Albert Speer und die Industrie – die vormaligen Gipsstollen am Neckar enteignet und zu hochmodernen Fabriken umgebaut. Diese Arbeiten verrichteten Sklavenarbeiter, die in den Lagern der Region untergebracht waren. Um die Schule in Neckarelz entstand der KZ-Komplex der »Neckarlager«.

Nach einer kompletten Neugestaltung ist die Gedenkstätte wieder zu besichtigen.

Adresse Mosbacher Straße 39, 74821 Mosbach-Neckarelz | Anfahrt von Mosbach über die B 27/B 292 bis zur Ausfahrt Neckarelz, dann rechts auf die Mosbacher Straße; das Museum ist durch den Pausenhof der Schule erreichbar | Öffnungszeiten Sonntags von 14–17 Uhr. Führungen nach Vereinbarung. Tel. 06261/670653. | Tipp Speis und Trank (mit Übernachtungsmöglichkeit) im Stil vergangener Zeiten bietet die Götzenburg »Burg Hornberg« in Neckarzimmern.

80_Lindelbrunnen

Ein Lindenblatt ist der Beweis

»Da löst er schnell die Waffe, den Köcher legt er ab. Den starken Spieß lehnt er an den Lindenast – bei des Brunnens Flusse stand der herrliche Gast.« Was braucht es denn noch mehr als Beweis? Das Nibelungenlied beschreibt es doch in Strophe 918b ganz genau!

Um den Lindelbrunnen im Mossautaler Ortsteil Hiltersklingen sind herrliche Linden gewachsen, selbst im Brünnlein schwimmt ein Lindenblatt – da braucht es keine Spusi, das sagt einem der gesunde Menschenverstand: Hier hat der finstere Hagen den strahlenden Helden Siegfried gemeuchelt. Hier ist einer der Tatorte der Weltgeschichte, hierher müssen die Touristenbusse geleitet werden.

Wenn es halt so eindeutig wäre.

Auch andere Ortschaften beanspruchen ihren Siegfriedsbrunnen als historische Heimstatt des Meuchelmordes. So auch das ganz in der Nähe von Hiltersklingen gelegene Grasellenbach.

Die Fakten bleiben dennoch unverändert. So hat Siegfried nach dem Kampf mit dem Drachen in dessen Blut gebadet, wodurch er unverwundbar wurde. Doch die Linden machten diesem Vorhaben einen Strich durch die Rechnung. Ein Blatt hat die Totalpanzerung verhindert, verhängnisvoll für Siegfried. Der Ahnungslose wurde nun auf einem Jagdausflug an dieser einzigen verwundbaren Stelle vom Schuft Hagen hinterrücks ermordet.

Da das waldreiche Gebiet zwischen Worms und Würzburg schon seit jeher als Jagdgebiet der Nibelungen galt, kreuzen sich nun dort allerhand Siegfried- und Nibelungenschauplätze, es führt die Nibelungen- und Siegfriedstraße durch diese Landschaft der Naturparks Bergstraße-Odenwald, Bayerischer Odenwald und Madonnenländchen. Wo nun genau Mordbube Hagen zugestochen hat, wird wohl nie ganz zu beweisen sein, und jeder Ort mit einem Siegfrieds- oder Lindelbrunnen hat das Recht zu behaupten, hier, und nur hier, sei der Ort der gemeinen Tat und nur der Brunnen in ihrer Gemarkung der Mordbrunnen.

Adresse 64756 Mossautal-Hiltersklingen, außerhalb | **Anfahrt** Auf der B 460 von Fürth im Odenwald Richtung Erbach fahren. In Unterhiltersklingen kurz vor Hüttenthal befindet sich links im Wald ein Parkplatz. Von da aus sind es einige Fußminuten zum Tatort »Lindelbrunnen«. | **Tipp** Die Molkerei Kohlhage in Hüttenthal lässt das Herz des Käsegourmets in regelmäßigen Abständen höher schlagen.

81 Das Speckbrünnchen

Ernst Elias Niebergall und der »Datterich«

Der Datterich gehört zu Darmstadt und Umgebung wie die Corgis zu Queen Elisabeth. Seinen Satz »Bezaale wenn mer Geld hat, ist koa Kunst, bezaale wenn mer kahns hat, des is e Kunst« kennt jeder Südhesse. Datterich, entlassener Finanzbeamter, genialer Schnorrer und ein Genie im Anpumpen seiner Mitmenschen, ist die Hauptfigur in Niebergalls Lokalposse. Die Besetzungsliste des Schauspiels, das auch heute noch gespielt wird, nennt an hinterer Stelle die Position »Gäste in Traisa«.

Traisa, einen Steinwurf von Darmstadt entfernt, war ein beliebtes Ausflugsziel der Städter im 19. Jahrhundert. Bekannt und beliebt waren die »Pannekuche« und der »Eppelwei«. Auch Niebergall begab sich des Öfteren nach Traisa, war begeistert ob des schönen Wanderwegs und der guten und deftigen Speisen in der »Mahr'schen Gaststätte«. In seinem »Datterich«-Stück geht die Traisa-Episode wie folgt: »Wie mer nu nooch Drahse kumme, hawwe mer uns in de Gahde gesetzt, un hawwe uns Pannekuche backe losse. Es worn kriminolgude Pannekuche, so krachlisch, es Maul wässert mer noch danooch – un mei Mann hot sich es Buddelch Eppelwei bestellt.« Auch ohne ausgiebiges Dialektstudium ist die Szene wohl verständlich, wie der ganze »Datterich« auch für Nicht-Darmstädter im Großen und Ganzen durchschaubar ist.

Große Schauspieler wie Joseph Offenbach haben den Datterich gespielt, halbe Lokalmatadoren wie Heinz Schenk oder ganze wie der Darmstädter Autor Robert Stromberger haben die dankbare Rolle genossen. Aktueller Datterich ist der Schauspieler und Kabarettist Michael Quast, zwar gebürtiger Heidelberger, aber der Darmstädter Zunge durchaus mächtig.

Traisa und seine Gastwirtschaft spielen im »Datterich« also eine entscheidende Rolle, und so steht seit dem Jahre 1966 in unmittelbarer Nähe des Speckbrünnchens eine Niebergall-Gedächtnistafel mit dem klassischen Datterich-Zitat: »Komme Se nach Drahse?«

Adresse Ecke Ludwigstraße und Nieder-Ramstädter Straße, 64367 Mühltal-Traisa | **Anfahrt** die B 449 von Darmstadt kommend bei Trautheim verlassen, links auf die Ludwigstraße einbiegen, dann rechts zur Nieder-Ramstädter Straße | **Tipp** Das »Lichtenberg-Zimmer« im Museum in Ober-Ramstadt, Grafengasse/Ecke Prälat-Diehl-Straße, erinnert an den hier geborenen Schriftsteller Georg Christoph Lichtenberg.

82 Die Hochseilgierfähre

William Turner, Mark Twain und der Neckar

Man kann nach einer fruchtigen Erdbeere gieren, nach einem süffigen Pils oder einem perfekten Wiener Schnitzel mit herrlich gewellter Panade. »Gieren« ist aber auch ein technischer Ausdruck und beschreibt die Drehbewegung um die Hochachse eines Schiffes. Eine Gierfähre hängt also an einem Drahtseil, das sich kurz vor der Fähre spaltet, ein Ende hängt am Bug, das andere am Heck. Verändert sich die Länge vorne oder hinten, entsteht ein gewisser Druck, und das Schiff bewegt sich jeweils vorwärts oder rückwärts. Diese einfache Technik nutzen etliche Flussfähren noch in unserer Zeit.

Neckarfähren gibt es schon seit einigen Jahrhunderten, seit 1933 überquert eine Hochseilgierfähre – ganz richtig: das Drahtseil ist in windiger Höhe angebracht – den Fluss zwischen dem Neckarsteinacher Stadtteil Neckarhausen und dem Neckargemünder Ortsteil Neckarhäuserhof und verbindet somit die beiden Bundesländer Hessen und Baden-Württemberg.

Ob Mark Twain eine Neckarfähre genommen hat, geht aus seinem Reisebericht von 1878 nicht hervor, doch es ist mehr als wahrscheinlich. In sein Reisetagebuch notierte er: »Deutschland ist im Sommer der Gipfel der Schönheit – aber niemand hat das höchste Ausmaß dieser sanften und friedvollen Schönheit begriffen, wirklich wahrgenommen und genossen, der nicht auf einem Floß den Neckar hinabgefahren ist.« Besser hätte sich auch ein moderner Werbefachmann den Text für einen Neckarreiseprospekt nicht ausdenken können.

Der britische Maler William Turner malte 1844 eines seiner bekanntesten Bilder: »Neckarsteinach on the Neckar«. Turner reiste zwischen 1817 und 1844 gerne an Rhein und Neckar, er fand dort das »südlichste« Licht außerhalb Italiens. Turner, der Meister des Aquarells und ein führender Vertreter der Romantik, liebte die Gegend um Heidelberg heiß und innig. Wer seine Bilder im Original sehen will, muss allerdings nach London in die Tate Gallery reisen.

Adresse Neckarhauser Fährweg, 69239 Neckarsteinach- Neckarhausen | Anfahrt von Neckarsteinach die B 45 in Richtung Hirschhorn, in Neckarhausen rechts auf den Fährweg einbiegen | Tipp Auch die Bergfeste Dilsberg in Neckargemünd erwähnt Mark Twain in »Bummel durch Europa«. Dort wurde der unterirdische Burgstollen aufgrund seines Reiseberichts Anfang des 20. Jahrhunderts wieder freigelegt.

83 An der Spessartstraße

Näuschter Wallekipper

Es gibt die Rothenfelser »Meeschießer« (was man ins Hochdeutsche übersetzt, mit Verlaub, ohne Weiteres in die »Mainscheißer« übertragen kann), die »Roadicher Eule«, die »Neuendorfer Koehlstiel« und eben die »Näuschter Wallekipper«. Der mainfränkische Mensch ist nicht zart besaitet, wenn es darum geht, seinen Mitmenschen im Nachbarort einen Spitznamen anzudichten.

Doch die meisten Einwohner der Orte im Main-Spessart-Kreis sind stolz auf ihre Beinamen, bezeichnen diese doch meistens einen herausragenden Charakterzug und sind in keinster Weise ein Grund, sich zu ärgern. Der Neustädter heißt nämlich aus einem durch und durch seriösen Grund »Wallekipper«. »Walle« ist im örtlichen Dialekt erst einmal nichts anderes als aufgelesenes Holz oder Reisig. Dieses Leseholz wurde jahrzehntelang in einem Betrieb am Neustädter Bahnhof professionell verarbeitet, wobei man die »Walle« unten »gekippt« hat, also gekürzt hat, damit man sie dann gut bündeln konnte. Also wirklich kein Grund, sich für den »Wallekipper« auch nur ein Jota zu schämen. Im Gegenteil – die Neustädter sind so stolz auf ihren »Wallekipper«, dass sie ihm 2006 ein kleines Denkmal gewidmet haben, in zentraler örtlicher Lage.

Neustadt am Main dürfte wohl mit die älteste Ansiedlung im Spessart sein. Um 772 wurde hier das wichtigste Kloster in ganz Franken gegründet – als Ausgangspunkt für die sogenannte »Sachsen-Missionierung«.

Mit der Säkularisation im Jahre 1803 gelangte das einstmals mächtige Kloster Neustadt am Main in den Besitz des Fürsten Konstantin zu Löwenstein-Wertheim-Rosenberg. Seit dem Jahre 1907 wird das Kloster von Missions-Dominikanerinnen bewohnt. Dieser Orden wurde 1889 in Südafrika gegründet und gibt sich weltoffen. Er fühlt sich der Gerechtigkeit und dem Weltfrieden verpflichtet und bietet in Neustadt Einzelgästen oder kleineren Gruppen geistliche Tage an – Tage zur Selbstfindung.

Adresse 97845 Neustadt am Main | **Anfahrt** Der Einbahnstraße Richtung Kloster folgen, der »Wallekipper« steht an der Spessartstraße. | **Tipp** Für Campingfreunde ist der Platz am Main bestimmt ein Highlight. Über 700 Meter Uferlänge und ein beheiztes Freibad bescheren unbeschwerte Campingfreuden.

84_Der Honisch Beach

Badestrand im Honischland

Die Niedernberger Seenplatte ist im Vergleich zu ihrem Mecklenburger Namensvetter doch eher ein »Plättchen«. Dennoch ist auch im Umkreis der Gemeinde Niedernberg, ungefähr zehn Kilometer südlich von Aschaffenburg, eine Palette von mehreren größeren und kleinen Seen zu finden. Diese Seen sind Überreste vom intensiven Kiesabbau in der Region Großwallstadt und Niedernberg.

Gerne wurden diese Seen mit ihrem klaren und sauberen Wasser als Badeplätze genutzt – sehr zum Unmut der Gemeinden. Denn das Baden war polizeilich verboten oder im günstigsten Falle auf eigene Gefahr erlaubt. Gerne und intensiv feierte man auch Partys, Feten, Happenings und alle anderen Formen des geselligen Beisammenseins an den Seen, die verkehrstechnisch zwar günstig an einer vielbefahrenen Kreisstraße lagen, aber über keinerlei Parkmöglichkeiten verfügten, was wiederum zu bestimmten Zeiten zu chaotischen Verhältnissen führte, von den hygienischen Verhältnissen ganz zu schweigen. Die Offiziellen der Region, allen voran die Polizeidienststellen, sahen sich zum Handeln gezwungen. Doch deutscher Bürokratengeist muss nicht immer gleichzusetzen sein mit stur und inflexibel – es geht auch locker und verständnisvoll.

In Niederberg hielt man sich an die Parole »Zum Wohle des Volkes«, und 2004 wurde der Bau einer öffentlichen Badestelle genehmigt, 2005 war der Strand bereits fertig, und die Situation um die Seen entspannte sich merklich. Nun hat das kleine Niedernberg einen paradiesischen Badesee – seinen »Honisch Beach«.

Der hat nun seinen Namen nicht vom ähnlich klingenden leckeren Nahrungsmittel Honig, sondern »Honisch« ist der weithin bekannte Spottname für die Niedernberger. Der wiederum erklärt sich aus dem örtlichen Dialekt und der damit eigenwilligen Handhabung des Hilfsverbs »haben«. Der Niedernberger sagt zu »habe ich« »hohn isch«, und schon ist der Name des Badestrands erklärt: »Honisch Beach«.

Adresse Leerweg, 63843 Niedernberg | **Anfahrt** Auf dem Weg von Niedernberg nach Großwallstadt kommt man zwangsläufig am Honisch Beach vorbei. | **Öffnungszeiten** Unbeschränkt. Der Eintritt ist frei, es wird eine Parkplatzgebühr erhoben. | **Tipp** Das alte Mainufer ist ideal für einen unbeschwerten Spaziergang.

85_Das KWO

It's time to say goodbye

Die Katastrophe von Fukushima hat nachdrücklich Wirkung gezeigt. Der Atomausstieg ist beschlossene Sache. Endlich, freut sich der langjährige Atomkraftzweifler, auch wenn er jahrzehntelang zu bequem war, den Hintern hochzubringen und gegen die Atomindustrie und ihre Lobbyisten auf die Barrikaden zu gehen. Obwohl auch immer noch Zweifel bestehen, ob alternative Energien der Weisheit letzter Schluss sind, über den Ausstieg aus der Atomkraft sollte man sich ehrlich freuen.

Greenpeace stellte dann mal wieder die richtige Frage: »Wie baut man eigentlich ein Kernkraftwerk ab?« Denn nach dem beschlossenen Ausstieg fangen die Probleme halt erst richtig an, einfach mit der Abrissbirne an den Reaktor gehen geht eben nicht.

Seit 2008 – abgeschaltet wurde Obrigheim schon 2005 – sind Fachleute damit beschäftigt, das Kraftwerk Obrigheim niederzulegen. Zehn Jahre soll es dauern, 500 Millionen Euro kosten, über 200 Millionen Tonnen an Material müssen entsorgt werden, ganz zu schweigen von den darin enthaltenen 2.300 Tonnen radioaktiv belasteten Stoffs. Wer nach dem Abbau aber darauf hofft, dass auf dem Abbruchgebiet blühende Landschaften entstehen, muss enttäuscht werden. Mehr als 300 abgebrannte Kernbrennstäbe bleiben 40 Jahre in einem Zwischenlager auf dem ehemaligen Kraftwerksgelände.

Der kommerzielle Leistungsbetrieb des Kraftwerks begann im März 1969. Die Ergebnisse waren zufriedenstellend, sodass man noch im Laufe des Jahres 1969 einen zweiten Kraftwerksblock am Neckar plante. Doch machten zunehmende Pannen und Störfälle – 1971 kam es zu einer Reaktorschnellabschaltung – diese Pläne zunichte.

Sicher gab es Gruppen und Einzelpersonen, die den Abbau von Obrigheim mit einem lachenden und einem weinenden Auge sahen. Doch richtig traurig waren wohl nur die sonntäglichen Angler. Diese hatten im aufgewärmten Neckarwasser um das KWO immer leichte Beute zu erwarten.

Adresse Kraftwerkstraße 1, 74847 Obrigheim | **Anfahrt** von Neckarelz die B 292 rechts zur Kraftwerkstraße einbiegen | **Öffnungszeiten** Info-Zentrum: Mo–Fr 9–16 Uhr | **Tipp** Das Schloss Neuburg oberhalb von Obrigheim beherbergt heute ein Hotel mit exquisiter Ausstattung.

86 Die Kastelle

Legio VIII Augusta Pia Fidelis Constans Commoda a solo fecit!

»Wenn ich mal nicht weiter weiß, bilde ich 'nen Arbeitskreis.« Er ist immer wieder beruhigend, dieser Lehrsatz aus dem Ausbildungshandbuch von Politikern jeglicher Couleur.

Es gibt in unseren Breiten fast für alles Arbeitskreise und Kommissionen. Also gibt es auch für den Limes eine solche. Die »Deutsche Limeskommission« wurde 2003 gegründet und widmet sich der Erhaltung, Erforschung und der touristischen Präsentation des Obergermanisch-Raetischen Limes. Und das macht sie, am Beispiel des Kastells Osterburken belegt, ganz prächtig und äußerst professionell.

Der Garnisonsort der 8. Legion muss so etwa in den frühen 60er Jahren des zweiten Jahrhunderts nach Christi entstanden sein. Nach Aktenlage ist mit der Vorverlegung der römischen Grenzanlage von der Odenwaldlinie auf den Vorderen Limes um 160 nach Christus die Cohors III Aquitanorum von Neckarburken nach Osterburken versetzt worden. Die Zeit muss wenig erfreulich für die römischen Legionäre gewesen sein, Pfeilspitzen aus dem Kastellgraben zeugen von etlichen Angriffen feindlicher Germanen.

Dass die Idee der »Kommissionen« kein Kind der heutigen Zeit ist, beweist die Erforschung der römischen Anlagen im Neckar-Odenwaldkreis. Nannte man sie in Vorväter Zeit zwar noch »Gesellschaften«, haben sie inhaltlich aber vieles gemein. 1838 grub die »Sinsheimer Gesellschaft zur Erforschung der vaterländischen Denkmäler der Vorzeit« unter ihrem Vorsitzenden Karl Wilhelmi erstmalig in der Erde von Osterburken. Nach und nach wurden immer weitere Teile des Kastells freigelegt, eine weitere Kommission (!), die Reichs-Limes-Kommission, konnte die Anlage schon 1893 konservieren. Seit 2005 ist Osterburken Bestandteil des UNESCO-Weltkulturerbes.

Für alle Nichtlateiner noch die Übersetzung der oberen Textzeile: »Die 8. Legion Augusta, die pflichtbewusste, treue und standhafte des Commodus, hat (die Mauer) von Grund auf erbaut.«

Adresse 74706 Osterburken | **Anfahrt** die A 81 an der Ausfahrt Osterburken verlassen und auf die B 292 einbiegen | **Tipp** Im Römermuseum Osterburken, Römerstraße 4, erfährt man mehr über die Lebensweise der Römer und Germanen beiderseits des Limes.

87_Der Gäulschesmacher

Uraltes Handwerk

Es ist, so in etwa, gute fünfzig Jahre her. Computer, Handy und anderer technischer Schnickschnack waren noch nicht erfunden, die penetrante Dominanz dieser »Helfer der Menschheit« war noch in weiter Ferne.

Die Kinderzimmer waren meist mit zwei, drei oder gar vier Geschwistern belegt, die Kleinsten teilten sich ein Bett, an Spielzeug war nicht zu denken. Vielleicht bastelte Großvater mal aus Holzlatten ein Ritterschwert, oder Oma nähte aus Wollresten ein Gebilde, das wir, ihr und uns zuliebe, Teddybär nannten.

Hatte man aber einen »Schoggelgaul« im Zimmer, war man der König der Kinder. So ein Schaukelpferd kam uns riesig vor. Betrachtet man heute so einen Gaul, ist riesig relativ. Eine Sitzhöhe von 55 Zentimetern bei der größten Version ist nicht so gewaltig. Annette Krämer und Harald Boos stellen diese Holzpferde heute noch in der althergebrachten Weise her, gegründet wurde die Firma schon 1899.

In Zeiten von Plastikspielzeug und Hightechprodukten für die Kinderzimmer des 21. Jahrhunderts mutet Holzspielzeug anachronistisch an. Hören Krämer und Boos auf Märkten mal wieder das Argument, die Pferdchen wären viel zu schade zum Spielen, könnten sie verzweifeln. Gerade das im Verhältnis sehr preiswerte Holzspielzeug ist in der Regel mit ein wenig Leim und Geschick jederzeit reparabel – im Gegensatz zum modernen Pendant, das meist, wenn kaputt, nur noch für die Sondermülltonne taugt.

In Beerfurth werden neben Holzpferdchen noch hölzerne Leiterwagen oder auch Steckenpferde hergestellt. Alle Hölzer stammen aus dem Naturpark Bergstraße-Odenwald. Ganz in der Tradition von Urgroßvater Krämer wird für das Odenwälder Gäulchen nur Pappel für den handgedrechselten Rumpf, Kiefer für den Kopf und das Standbrett und Buche für die ausgesägten Beine und die Kufen verwandt – das ist uralte Handwerkstradition, und darauf ist er stolz, der letzte Odenwälder Gäulschesmacher.

Adresse Siegfriedstraße 60, 64385 Reichelsheim-Beerfurth | **Anfahrt** B 38 von Groß-Umstadt Richtung Reichelsheim | **Öffnungszeiten** Mo, Mi–Fr 9–18 Uhr, Sa 9–14 Uhr, So 11–14 Uhr, Di geschlossen. Führungen durch die Werkstatt des Gäulschesmachers sind gegen einen Unkostenbeitrag nach Voranmeldung möglich; Tel. 06164/1511, www.gaeulschesmacher.de. | **Tipp** Ebenfalls in Beerfurth: Eberhardt Schokoladenwaren, Schwimmbadstraße 3, und Lebkuchen Baumann, Marktplatz 8, Odenwälder Lebkuchenbäckerei seit 1785.

88 Unter- und Ober-Ostern

Wo wohnt denn hier Herr Hase?

Die Sache mit dem Hasen, den Hühnern und dem Eierlegen ist halt eine vertrackte Geschichte. Irgendwie hätte man das Ganze von vornherein vollkommen anders aufziehen müssen.

Hätte man nur!

Wie soll man denn auch seinem Nachwuchs irgendwie plausibel machen, dass zwar in der Praxis die Hühner Eier produzieren, es aber eine bestimmte Jahreszeit gibt, in der Familie Huhn die Angelegenheit an Familie Hase übergibt. Historisch gesehen ist daher eigentlich nur gesichert, dass eigentlich gar nichts sicher ist und man nicht weiß, warum an Ostern der Hase für die Eier zuständig ist. Die Geschichte eines Bäckers, der aus mangelndem künstlerischen Talent ein missratenes Osterlamm spontan zum Osterhasen erklärte, klingt nett, ist aber kein Beweis. Vielleicht kann man den schwäbischen Dichter Eduard Mörike als Zeugen gewinnen, schrieb er doch in seinem »Eiergedicht« die hehren Worte: »Die Sophisten und die Pfaffen / stritten sich mit viel Geschrei / Was hat Gott zuerst erschaffen / Wohl die Henne, wohl das Ei? / Wäre dies so schwer zu lösen? / Erstlich ward ein Ei erdacht / Doch weil noch kein Huhn gewesen / Schatz, so hat's der Has' gebracht.«

Und hier kommt nun das Ostertal ins Spiel. Idyllisch gelegen gehören die beiden Ortschaften Ober- und Unter-Ostern zur Gemeinde Reichelsheim, das Ostertal selbst ist ein Seitental des Gersprenztales. Der Name »Ostern« hat dabei nichts mit dem christlichen Fest zu tun, sondern bedeutete, abgeleitet vom erstmals im Jahre 880 erwähnten Wort »Osterhana«, »der fließende Bach nach Osten«. Anfang bis Mitte des 14. Jahrhunderts erfolgte dann die Besiedelung des Tales durch die Grafen zu Erbach.

Heute ist der Tourismus eine wichtige Einnahmequelle der Bevölkerung. Speziell zum Osterfest wird das Tal gerne aufgesucht, und vor den Ortsschildern lassen sich prächtige Hochglanz-Fotos mit Kindern, Stoff- oder Schokohasen machen.

Adresse 64385 Reichelsheim-Ostertal | Anfahrt Die Strecke zwischen Reichelsheim/B 47 und Gras-Ellenbach führt durch das Ostertal. Zahlreiche Wanderwege durchziehen das waldreiche Gebiet. | Tipp Die Wanderführer und Wanderkarten des Odenwaldklubs, von Rainer Türk bearbeitet, lassen für den Naturliebhaber keine Wünsche offen.

89 Hefeklößchenfelsen

Die Wollsackverwitterung

Einen Bekannten mit den Worten »Du siehst ja heute aus wie eine Wollsackverwitterung« zu begrüßen, kann eine Freundschaft zerstören.

Mag das Wort der »Wollsackverwitterung« auf einen Menschen bezogen durchaus unhöflich erscheinen, ist es im Fachgebiet der Geologie ein gebräuchliches Wort. Der, nun wohl als früherer Bekannter zu bezeichnende, Mitmensch wird sich dennoch nach dem Begriff erkundigen: die »Wollsackverwitterung«!

Es handelt sich dabei um eine ganz spezielle Art von Verwitterung des massiven Steins. Tropisches Klima mit hohen Niederschlägen und heißen Temperaturen lässt die chemische Verwitterung des Steins schnell voranschreiten. Mit verschiedenen Säuren angereichertes Wasser dringt in das Gestein ein und zersetzt es. So entstehen sogenannte »Grus« – sieht zwar noch aus wie der ursprüngliche Stein, lässt aber die Oberfläche beim Darüberstreichen schnell zerbröseln. Für den Stein gibt es keine Rettung mehr, immer mehr Risse und Spalten, durch die das Wasser eindringt, lassen den Zersetzungsprozess schnell voranschreiten. Was übrig bleibt, ist ein gerundeter Stein, ein Restblock, eben ein Wollsack oder ein Stück Felsen, das an ein Hefeklößchen erinnert.

Die Rohrbacher Verwitterung ist ein schönes Beispiel für den vor über 40 Millionen Jahren stattgefundenen Prozess in einem kaum vorstellbar tropischen, feucht-heißen Klima. In heutiger Zeit, bei jährlichen Durchschnittstemperaturen um die 22 Grad, ist ein solches geologisches Phänomen in unseren Breitengraden nicht mehr möglich.

Die Verwitterung kann zu extremen Formen führen, sieht man sich nur die riesigen Granitkugeln am Erongo in Namibia, im Tamil Nadu in Indien oder die Gorges du Dades in Marokko an. Ebenso schön wie bizarr sind die Pilzfelsen, die Mushroom Rocks, in der israelischen Negev-Wüste. Und wer nicht ganz so weit fahren will, kommt einfach nach Rohrbach.

Adresse 64385 Reichelsheim-Rohrbach | Anfahrt Von Michelstadt auf der B 47 in Richtung Reichelsheim fahren, hinter Rehbach links in Richtung Mossautal abbiegen. In Obermossau rechts nach Rohrbach einbiegen. Kurz vor Rohrbach in einer scharfen Kurve links befindet sich in der Nähe des Parkplatzes eine »Formation von Wollsäcken«. | Tipp Von Mythen umrankt und von Literaten besungen liegt sie da in der Gemarkung Fränkisch-Crumbach: die Ruine Rodenstein.

90_Lehrpfad »Bäume des Jahres«

Menschen für Bäume oder Warum Kinder die Natur brauchen

Es gibt das »Unwort des Jahres«, den »Koch des Jahres« und den »Sportler des Jahres«. Des Weiteren wird regelmäßig das »Jugendwort des Jahres«, die »Webseite des Jahres« oder der »Schäferhund des Jahres« gekürt. Eigentlich macht die Phantasie der Menschen vor keinem »Dingsbums des Jahres« halt. Seit 1989 gibt es nun auch den »Baum des Jahres«. Eine Stiftung weist somit in jedem Jahr auf die ökologische Bedeutung einer Baumart hin, ebenso ein Kriterium zur Wahl ist aber auch die Gefährdung einer Pflanze.

Die Pflanzungen für den Lehrpfad »Bäume des Jahres« in der Reichelsheimer Gemarkung wurden 2011 begonnen, alle bisher ausgezeichneten Baumsorten sind dort angelegt worden. Kleine Holztäfelchen erklären den Wanderern die Gattung und erläutern, was man mit der jeweiligen Holzart alles machen kann.

»The Arbor Day«, wie soll es anders sein, ist eine amerikanische Erfindung. Die ersten Siedler fanden den Staat Nebraska sehr baumarm vor und begannen sofort mit der Aufforstung mit Bäumen und Sträuchern. 1872 beschloss man, einen Feiertag für diese Baumbepflanzungsaktion einzuführen.

1952 wurde die Idee vom damaligen deutschen Bundespräsidenten Theodor Heuss wieder aufgegriffen, indem er in Bonn einen Ahornbaum pflanzte und diese Aktion »Tag des Baumes« nannte. Doch es dauerte noch bis 1989, bis die Dr. Silvius Wodarz Stiftung endgültig einen regelmäßigen »Baum des Jahres« wählen konnte. Hierbei wird der Fokus auch in der Hoffnung, damit eine breite Öffentlichkeit zu erreichen und über die aktuelle umweltspezifische Situation des Waldes zu unterrichten, auf eine bestimmte Baumart gerichtet. Denn die Befindlichkeit unserer Wälder ist, trotz jährlichem Waldschadensbericht, dem breiten Publikum nur spärlich bewusst.

Adresse 64385 Reichelsheim-Wegscheide | **Anfahrt** Der Parkplatz Wegscheide liegt am Kreuzungspunkt von Bundesstraße 460 und Landesstraße 3105 bei Gras Ellenbach. Infos erteilt das Forstamt in Michelstadt unter Tel. 06061/94470, www.geo-naturpark.de und www.odenwald.de. | **Tipp** Das Kunst- und Theater-Festival »Trommer Sommer« findet Anfang August auf der Tromm statt.

91 Der Reinheimer Teich

Die Odenwald Ranger

Europäische Sumpfschildkröten sind faszinierende Tiere. Die kleinen Fleischfresser werden um die 500 Gramm schwer, und sie sind das faunische Aushängeschild des Reinheimer Teiches.

Das Naturschutzgebiet liegt im Osten von Darmstadt zwischen den Ortschaften Spachbrücken und Habitzheim.

Überwacht wird das Gebiet vom Forstamt in Dieburg, das in regelmäßigen Abständen seine Naturschutzwarte – die Odenwald Ranger oder Geo-Park Ranger – ausschickt, nach dem Rechten zu sehen. Die Ranger im Geo-Park Bergstraße-Odenwald vermitteln speziell Wandergruppen ein umfangreiches Wissen über die Landschaft und kulturhistorische Hintergründe. Die meisten Ranger kommen aus den Geowissenschaften oder sind Biologen, durch umfangreiche Fortbildungen in den Bereichen Pädagogik und Kommunikation sind sie bestens geschult, um Schülergruppen wie Erwachsene durch die südhessischen Erholungsgebiete zu führen.

Auch am Reinheimer Teich gibt es für sie immer viel zu tun. Mit 70 Hektar gehört das Gebiet zu einem der größten seiner Art. Viele der dort beheimateten Vogelarten stehen auf der Roten Liste und sind akut vom Aussterben bedroht. Das wissen auch die Hobbyfotografen, die gerade an den Wochenenden zahlreich den Teich besuchen und auf das Bild ihres Lebens warten.

Ein Info- und Besucherzentrum des Naturschutzbundes ergänzt die Informationen, die die Wanderer und Liebhaber der unverfälschten Natur von den Rangern erhalten.

Der Reinheimer Teich ist ein hochsensibles Feuchtbiotop, Heimat von Fledermäusen, Spinnen, Tagfaltern, Heuschrecken, Laufkäfern und mehreren Libellenarten, einer reichhaltigen Vogelfauna mit über 100 Arten und eben der europäischen Sumpfschildkröte. Jahrelang war diese vom Aussterben bedroht, eine Folge wohl auch davon, dass unsere Vorfahren die Schildkröten als Alternativspeise für die Fastenzeit ansahen und sie damit an den Rand der Ausrottung brachten.

Adresse 64354 Reinheim, außerhalb | Anfahrt von der B 38 Richtung Groß-Umstadt abbiegen, dann am 2. Kreisel Richtung Habitzheim einbiegen zum kleinen Parkplatz direkt am See | Tipp Museum für Odenwälder Volkskultur – im Alten Rathaus von Lengfeld, Bismarckstraße 2, 64853 Otzberg-Lengfeld.

92 Edelobstbrennerei »Zum Kreiswald«

Wo das Obst den Geist freigibt

Drei Dinge braucht der Obstbrenner: Geduld, Geduld und nochmals Geduld ... und dann richtig gutes, reifes Obst.

Geduld braucht es nämlich zuerst bei der Maische. Das ist der Vorgang, aus zerkleinerten Früchten Zucker in Alkohol umzuwandeln. Und das kann, je nach Obstsorte, viele Tage dauern. Hat man eine Unmenge an Geduld aufgebracht, benötigt man diese Edeltugend dann sofort wieder zum Destillieren. Um einer einzigen Brennblase einige Liter Flüssigkeit abzujagen, dauert es gut sieben Stunden. Ganz zu schweigen von den Vorbereitungen – bei der Quitte, als Beispiel genommen, braucht es 350 Kilogramm Früchte, die gesäubert, gemahlen und zur Maische vergoren werden müssen, bis dass man, mit einigem Glück, etwa 15 Liter Brand erhält.

Brennrechte hat die Familie von Brenner, Koch und Gastwirt Gerhard Fritz im äußerst romantisch gelegenen, nur auf etwas verschlungenen Pfaden zu erreichenden Odenwald-Gasthaus »Zum Kreiswald« seit 1866. Waren es zu dieser Zeit Kartoffel- und Getreidebranntweine, die destilliert wurden, werden heute in der Obstbrennerei Fritz ausschließlich Früchte von den eigenen Streuobstwiesen verarbeitet. Seine edlen Brände wie der Glockenapfel vom Jagdstock oder die Kreiswälder Goldparmäne sowie der Obstbrand aus Quitte mit Apfel werden regelmäßig prämiert, aktuell gab es eine Goldmedaille für den Himbeerbrand aus dem Kreiswald.

Unterscheiden muss man zwischen Obstbrand und Obstgeist. Im Gegensatz zum »Brand« werden beim »Geist« die Früchte nur zum Aromatisieren von reinem, geschmacksneutralem Alkohol verwendet.

Der Landgasthof der Familie Fritz gehört der Vereinigung der Odenwald-Gasthäuser an, ein Zusammenschluss von mehreren lokalen Wirtshäusern, die sich dem regionalen Einkauf und den heimischen Gerichten verschrieben haben.

Adresse Im Kreiswald 9, 64668 Rimbach, Tel. 06253/972146 | **Anfahrt** in Rimbach die B 38 in Richtung Albersbach verlassen und immer geradeaus; Navi-Eingabe: Rimbach/Odenwald, Staatsstraße 14, danach erst: Im Kreiswald 9 | **Öffnungszeiten** Sa–Mi 11–21 Uhr | **Tipp** Man kann im Kreiswald ein Brennerzertifikat erwerben. Informationen gibt es direkt bei Gerhard Fritz.

93 Guru Guru und das Finki

Woodstock im Odenwald

Nun steht der Hessische Rundfunk nicht unbedingt im Verdacht, ein Spaß- oder Kreativsender zu sein. Wer aber einen Begriff prägt wie »Woodstock im Odenwald«, ist so schlecht dann wohl doch nicht.

Das Konzertereignis ganz im Süden des Odenwalds gibt es seit 1977, liebevoll wird es, nach seinem Austragungsort, das »Finki« genannt.

Begonnen hatte alles, als Guru Guru mit Bandleader Mani Neumeier – als einem der Einwohner von Finkenbach – auf dem örtlichen Feuerwehrfest spielte und auch einige Bekannte dazu einlud. Wenn man nun gerne Schubladen bestückt, sollte man Guru Guru wohl in die Abteilung »Krautrock« stecken. »Krautrocker« waren in den 1970er Jahren für englische Radiomoderatoren Rockmusiker aus Deutschland. Der erst etwas verächtlich gemeinte, aus »Krauts«, dem Schimpfwort der Engländer für Deutsche, gebildete Begriff wurde von den deutschen Musikern aufgenommen und ins Positive gewendet. Sie verstehen ihn seither als Auszeichnung für sich und ihre Musik.

Das Rockfestival erwarb sich schnell einen Ruf – auf einmal bevölkerten 10.000 Menschen den Ort, Chaos machte sich breit. Dass ab und an auch kleine Cannabis-Wölkchen durch den Ort zogen, gehört sicher in die Abteilung Sagen und Legenden. 1984 wurde »Finki« eingestellt, doch schon 1988 wiederbelebt, und das hatte seine Gründe. Finkenbach ist anders als die großen Festivals. In Finkenbach treffen sich Rockmusik-Liebhaber, denen man deutlich ansieht, dass sie sich noch persönlich an Uschi Nerke und den Beatclub erinnern können. Aber es kommen alle Jahre wieder auch junge Leute dazu, die Mischung und das friedliche Zusammensein auf Zeit machen eben dieses Musikfest aus. Dass die Einwohner hinter diesen drei meist sehr lebhaften Tagen stehen, ist nicht unbedingt selbstverständlich. Doch in Finkenbach zieht man an einem Strang, denn »Finki« hat sich zu einem nicht unwesentlichen wirtschaftlichen Faktor für die Gemeinde und die Geschäftswelt entwickelt.

Adresse 64757 Rothenberg-Finkenbach | Anfahrt Finkenbach liegt an der Landesstraße 3119 und ist über Beerfelden oder Hirschhorn gut erreichbar. | Tipp Nach Heidelberg und in seine famose Altstadt kommt man mit dem Pkw schon in dreißig Minuten.

94 Naturparkplatz

Das Köhlerhandwerk

Das Handwerk des Köhlers ist Jahrhunderte alt, ebenso alt sind seine Werkzeuge: die Holzschubkarre, der Rechen, die Schaufel, der Platscher. Die Produktion von Holzkohle war bis weit in das 19. Jahrhundert hinein ein starker Wirtschaftsfaktor für die Waldbesitzer, war doch die Holzkohle in den Frühzeiten der Industrie das klassische Heizmaterial. Man brauchte die Kohle für die Schmelzöfen des Eisenerzes ebenso wie die Großmutter im Hause sie benutzte, um ihr gusseisernes Bügeleisen damit zu betreiben. Um die Kohle zu gewinnen, hat sich als effektivste Methode der Meilerbrand entwickelt. Der Meiler wird hierbei von seinem Zentrum her aufgebaut. Ein Gerüst aus Stangen mit dem Kamin in der Mitte ist das Hauptstück eines Meilers. Unter Ausschluss von Luft erhitzt der Köhler dann das gestapelte Holz, welches nach außen mit Laub, Rasen und Erde abgedeckt ist. Bei ungefähr 280 Grad Celsius zersetzt sich das Holz, wobei daraus dann hauptsächlich Holzkohle entsteht, aber auch Holzteer, Essigsäure und weitere organische Verbindungen.

Ein Köhler ist immer beruhigt, wenn er die erste Nacht nach dem Befeuern des Meilers hinter sich hat. Denn am Morgen muss die Spitze des Meilers vorsichtig geöffnet werden, um einen durch sogenanntes »wildes Feuer« entstandenen Hohlraum zu verfüllen. Danach glimmt der Meiler ungefähr zwölf Tage vor sich hin, immer scharf beobachtet vom Köhler, dessen Kunst darin liegt, die Temperatur immer gleichmäßig bis in den Meilerfuß zu halten. Der Meiler steht auf der sogenannten Köhlerplatte, die ausreichend groß, eben und möglichst windgeschützt sein muss. Ebenfalls soll der Platz so gewählt sein, dass immer ausreichend Holz in der Nähe zur Verfügung steht.

Die Männer aus Hinterbach sind wahre Fachmänner des Meilerbaus. Alle zwei Jahre wird der Meiler aufgesetzt, und seine Holzkohle findet immer reißenden Absatz.

Adresse 64757 Rothenberg-Hinterbach | Anfahrt von Beerfelden aus in Richtung Hirschhorn auf der L 3119, in Finkenbach dann nach rechts in Richtung Hinterbach; am dortigen Ortsausgang rechts findet man dann den Naturparkplatz | Tipp Als Marke »Finkenbach Quelle« wird reinstes Mineralwasser aus dem Odenwald in Flaschen gefüllt.

95_Die Widder-Anlage

Ein Stoßheber für die Quelle

Joseph Michel (1740–1810) und Jacques Etienne (1745–1799) Montgolfier waren findige Brüder.

Die Erfindung des Heißluftballons, der Montgolfière, ist allgemein bekannt und machte die beiden, im Hauptberuf Naturwissenschaftler der eine und Architekt der andere, weltberühmt. Die Weiterentwicklung einer Erfindung von John Whitehurst aber, einer »Pulsation Engine«, gehört schon eher zum Spezialwissen von technikbegeisterten Historikern.

Diese Wasserpumpe stellte Whitehurst zum ersten Mal 1772 in Oulton Park, Cheshire vor. 1796 automatisierte Joseph Michel Montgolfier diese Erfindung und ermöglichte so die Versorgung hoch gelegener Gebäude mit Wasser aus einer tiefer liegenden Quelle.

Die »Pulsation Engine« wurde im deutschsprachigen Raum als »hydraulischer Widder« bezeichnet, ein Stoßheber, der sich mit schmatzendem Geräusch hebt und senkt, also mit viel Phantasie eine Bewegung vollzieht wie der namengebende Schafsbock.

Die Anlage in Rothenberg stammt aus dem Jahre 1925 und ist noch voll funktionsfähig. »Durch Öffnen eines Sperrventils fließt Wasser aus dem Behälter. Bei einer vom Gewicht abhängigen Wassergeschwindigkeit schließt dieses dann schlagartig wieder. Dabei entsteht eine Drucksteigerung, das Druckventil öffnet, und das Wasser gelangt durch den Windkessel in die Steigleitung.« So weit die Erläuterungstafel an der Anlage. Alles klar? Wenn nicht, macht das auch nichts. Entscheidend ist, wie bei so vielem, was hinten herauskommt. Und das ist bei unserem Widder nicht wenig. Denn, um nochmals die Tafel zu zitieren: »Die Förderhöhe beträgt bis zur zwanzigfachen Zuflusshöhe, die Fördermenge liegt bei einem Drittel der Zuflussmenge.« Jetzt sind wohl keine Fragen mehr offen.

Wasserwirtschaftlich hat Rothenberg auch noch den »Schmid'schen Wassermotor« zu bieten, den zu erklären übersteigt aber die Kraft des Schreibers.

Adresse Brunnenstraße 40, 64757 Rothenberg-Hinterbach | **Anfahrt** Von Beerfelden in Richtung Hirschhorn auf der L 3119 fahren, in Finkenbach sich Richtung Hinterbach halten und an der Produktionsstätte der »Finkenbach-Quelle« links fahren. Nach etwa 200 Metern liegt der »Widder« links etwas abseits im Tal. | **Tipp** In der Nähe des Widders befindet sich auch der »Brückenstein«, ein historischer steinerner Steg.

96_Fachwerk und die Burg

Die kleinste Stadt Bayerns

Es dauert nur einige wenige Minuten, nachdem man das Ortsschild von Rothenfels passiert hat, und man ist verliebt in diese kleinste Stadt in Bayern mit ihren markanten Hausfassaden und dem historischen Fachwerkstil.

Was als Fischersiedlung um 1050 begann, entwickelte sich hundert Jahre später durch den Bau der Burg zu einem aufblühenden Städtchen mit Handel und Gewerbe. Die Erbauer der Burg von Rothenfels waren die Herren von Grumbach, die ihre Herrschaft im westlichen Mainfranken sichern wollten. Das Adelsgeschlecht der Grumbacher war eine der bedeutendsten Dynastien in Franken, brachte es doch auch zwei Fürstbischöfe von Würzburg, Wolfram und Johann, hervor. Nach dem Aussterben des Adelsgeschlechts derer von Grumbach hatte die Burg eine kriegerische, wechselhafte und unheilvolle Zeit vor sich, auch eine Plünderung durch aufständische Bauer im Jahre 1525 hatte sie durchzustehen. Im 19. Jahrhundert wurde die einstmals mächtige Burg dem Verfall überlassen.

Erst im Jahre 1919 wird die Burg durch den Kauf der »Quickbornfreunde« gerettet. Der »Quickborn-Arbeitskreis« ist ein Zusammenschluss von Christen, die einen unabhängigen und selbst gestalteten Lebensweg suchen. Durch das »schlesische Dreigestirn« Hermann Hoffmann, Bernhard Strehler und Klemens Neumann wurde Burg Rothenfels ein Zentrum der unabhängigen katholischen Jugendbewegung. Mit Romano Guardini, dem allseits verehrten Priester und Religionsphilosophen – der übrigens auch in Heppenheim an der Bergstraße als Priester tätig war –, als Burg- und Vereinsleiter hatten die »Quickborner« eine große Zeit. Diese friedlichen und geistvollen Tage unter Romano Guardini wurden durch den Nazi-Terror ab 1939 beendet. Der Reichsführer der SS und Chef der deutschen Polizei Heinrich Himmler persönlich wies die bayerischen Behörden an, die Burg und das Vermögen der »Quickborner« zu beschlagnahmen.

Heute ist Burg Rothenfels wieder das Zentrum des Arbeitskreises.

Adresse 97851 Rothenfels | **Anfahrt** Rothenfels liegt zwischen Neustadt am Main und Marktheidenfeld an der Staatsstraße 2315. Der Weg zur Burg ist gut ausgeschildert. | **Tipp** Von Rothenfels aus sind es nur 35 Kilometer nach Würzburg – ein kurzer Abstecher ist bestimmt kein Fehler.

97__Landgasthof Morretal

Einkehren beim Weltmeister

»... Schäfers Zuspiel zu Morlock wird von den Ungarn abgewehrt und Bozsik, immer wieder Bozsik, der rechte Läufer der Ungarn, am Ball. Er hat den Ball – verloren diesmal, gegen Schäfer, Schäfer nach innen geflankt, Kopfball – abgewehrt. Aus dem Hintergrund müsste Rahn schießen – Rahn schießt – Toor! – Toor! – Toor!«

4. Juli 1954, Wankdorf Stadion, das »Wunder von Bern« nimmt seinen Lauf. Die Namen der Spieler: Toni Turek, Werner Kohlmeyer, Josef Posipal, Werner Liebrich, Karl Mai, Horst Eckel, Max Morlock, Fritz Walter, Ottmar Walter, Helmut Rahn, Hans Schäfer, kennt der Fußball-Interessierte noch im Traum. Doch schon bei den Spielern, die im Finale als Reservespieler auf der Bank saßen, kommt die Aufzählung ins Stocken: Kwiatkowski, Laband, Klodt ... und Alfred Pfaff. Der war, wie sein ewiger Kontrahent Fritz Walter, ein begnadeter Ballvirtuose, wurde deutscher Fußballmeister 1959 mit Eintracht Frankfurt und von allen nur ehrerbietig in Anlehnung an den großen spanischen Spielmacher Alfredo di Stefano »Don Alfredo« genannt. Dass er am 4. Juli nicht zum Einsatz kam, hatte nichts mit seinen Leistungen zu tun. Bundestrainer Sepp Herberger hielt nur, wie immer, an Fritz Walter, seinem verlängerten Arm auf dem Spielfeld, fest.

Pfaff war schon zu seinen aktiven Frankfurter Fußballzeiten Gastwirt, hatte unter anderem ein Lokal an der Frankfurter Hauptwache. 1961, nach Beendigung seiner aktiven Laufbahn, kaufte Pfaff sich in Zittenfelden im idyllischen Morretal einen Landgasthof. Heute führt sein Sohn Alfred Pfaff junior als gelernter Koch dieses feine Lokal, in dem leider nur noch einige wenige Pretiosen von der großen Fußballkarriere des Alfred Pfaff senior künden – ein Hochwasser hatte vor einigen Jahren die meisten Erinnerungsstücke zerstört. Dennoch sollte man, in der Gaststube sitzend, einmal die Augen schließen, und da haucht er einen an, der »Geist von Spiez«.

Adresse Landgasthof Morretal, Familie Alfred Pfaff, 63936 Schneeberg-Zittenfelden, Tel. 09373/639, www.alfredpfaff.de | Anfahrt Von der Markt Schneeberg kommend fährt man gut 5 Kilometer durch das idyllische Morretal. Den Gasthof der Familie Pfaff findet man in der Ortsmitte von Zittenfelden auf der rechten Seite. | Tipp Der etwa acht Kilometer lange Meditationsweg in Schneeberg ist hervorragend für Menschen geeignet, die einfach mal wieder zur Ruhe kommen möchten.

98 Der Äppeläquator

Wechsel von »Äppelwoi« zum »Oepfelmoust«

Eindrucksvoll erklärt die Schautafel am Äppeläquator in Schollbrunn den Unterschied zwischen zwei deutschen Dialekten. Genau an diesem Punkt der Landkarte verläuft die Grenze zwischen dem »Rheinfränkischen« im Westen und dem »Mainfränkischen« im Osten. Um den Sachverhalt an einem Wort zu manifestieren, nimmt der Sprachwissenschaftler das Wort »Apfel« als Stellvertretervokabel. So trennt nun die Sprachlinie in Schollbrunn den rheinfränkischen »Appel« vom mainfränkischen »Apfel«. Nun hat der Volksmund diese zuerst seriös als »Apfel-Appel-Linie« bezeichnete wissenschaftliche Grenzlinie in den scherzhaften »Äppeläquator« umbenannt, sodass der ernsthafte Wissenschaftler ein neues Worte suchte, um die Dialektgrenze klar darzustellen. Das Wort »Bruder« nimmt nun den Platz des Apfels ein. »Brurer« mit »r« in der Mitte als Eigenart des westlichen Unterfranken, »Bruder« mit normalem »d« im Osten.

Dialektgrenzen zu erklären ist nicht einfach, doch nimmt man unter anderem an, dass gerade in Gebieten, wo Gebirge mit tiefen Tälern, große Wälder oder Sumpfgebiete den Umgang der Ortschaften untereinander erschwerten, sich eigene und teilweise auch eigenartige Neben- und Unterdialekte unabhängig voneinander entwickelten.

2004 wurde nun am »Äppeläquator« ein Gedenkstein errichtet, auf dem ein kleines Nonsensgedicht von beiden Dialekten dies- und jenseits dieser Grenze erzählt: »Hier löscht der Oepfelmoust dein Durscht. Den Hunger Grumbiernbrei und Wurscht. Degeche … Worscht un Äppelwoi, muss uff de anneren Seide soi.«

Wer sich ausführlich mit den Dialekten dieses Landstrichs beschäftigen will, sollte das Kompetenzzentrum für unterfränkische Dialekte der Universität Würzburg aufsuchen – »die beanwodde Ihne Ihre Fraache!«. Das UDI – das Unterfränkische Dialektinstitut – ist auch Herausgeber des »Wörterbuches von Unterfranken«, das Sprach- und Volkskultur der Unterfranken aufarbeitet.

Adresse 97852 Schollbrunn | Anfahrt über die Staatsstraße 2316 von Weibersbrunn, rechts vor Schollbrunn einbiegen in einen Naturparkplatz | Tipp Das Glasmuseum in zwei benachbarten Fachwerkhäusern in 97877 Wertheim, Mühlenstraße 24, dokumentiert die Geschichte des Werkstoffs von der Antike bis zur Gegenwart.

99 Kartause Grünau

Im Kropfbachtal

Wer es gerne verwunschen mag, sollte die Kartause Grünau unbedingt an einem frühen Herbstmorgen besuchen. Die ersten dichten Nebel wabern, und wenn dann frühmorgens auch noch, frei nach Walter Kempowski, der Gäuz golzt, also ein Käuzchen ruft, und einer der zeitigen Angler die Physiognomie eines Eddi Arent hat – dann ist sie perfekt, die Illusion eines Edgar-Wallace-Films der 1960er Jahre.

Der Sage nach lebte das Paar Elisabeth und Graf Gottfried von Hohenlohe in einer Burg in der Nähe des Dorfes Grünau, einander herzlich zugetan. In ihrer Liebe sannen sie nur darauf, wie man sich gegenseitig erfreuen und glücklich machen konnte – angesichts so mancher Ehen der heutigen Zeit ein beneidenswerter Zustand. Graf Gottfried war vom Jagdfieber gepackt und konnte auch seine Elisabeth davon überzeugen, Reitunterricht zu nehmen und sich in der Kunst des Bogenschießens zu üben. Bald war Elisabeth so weit, dass sie mit ihrem Gottfried auf die Jagd gehen konnte. Eines frühen Morgens, wahrscheinlich war Herbst und dichter Nebel aufgezogen, nur an Eddi Arent dachte noch niemand, rumorte es im dicken Dickicht des Spessartforstes. Ein Hirsch! Elisabeth war sich dessen sicher, legte ihren Bogen an, zog ab, und der Pfeil schwirrte von der Sehne. Doch dann schallte lautes Wehgeschrei aus dem Gestrüpp, und Angst stieg in Elisabeth auf. Tatsächlich, es war wahr. Sie hatte Gottfried getroffen, und dieser verstarb noch am gleichen Tag in ihren Armen.

Die Witwe, zeitlebens untröstlich, stiftete an der Stelle von Gottfrieds letztem Atemzug die Kartause Neuzeil, nahe dem Dörfchen Grünau. Der Stern des Klosters glühte einige Jahrhunderte, bis das Kloster im Jahre 1803 aufgegeben wurde. Erhalten blieben nur die Ruine der Kirche und ein Gebäude, das heute als Gasthaus genutzt wird.

»Kartause« kommt vom lateinischen Wort »Cartusia«, von da führt ein direkter Weg zum französischen »La Chartreuse« (dem Gründungsort der ersten Kartause überhaupt), durch einen weiteren philologischen Abzweig gelangt man dann zur deutschen »Kartause«.

Adresse Kartause 1, 97852 Schollbrunn, Tel. 09394/462 | **Anfahrt** Die Nebenstraße zur Kartause geht von der Staatsstraße 2316 ab, Richtung Hassloch/Wertheim. Die Kartause ist bewirtschaftet. Ein Rundwanderweg führt von Schollbrunn zur Kartause Grünau. | **Tipp** Wer selbst einmal die Angel auswerfen will, wendet sich an den Angelverein Hasloch, Tel. 09342/59318.

100 Fastnachtsmuseum

Helau und Alaaf

Jeder Kleinstadt-Karnevalist im Raum Südhessen, Nordbayern und im nördlichen Baden-Württemberg ist sich selbstverständlich der Nähe der Fastnachtshochburg Mainz bewusst. Genau wie die großen Vorbilder am Rhein gibt es auch auf dem flachen Land Karnevalsvereine mit so vielversprechenden Namen wie »FC Ulk« oder »Blaue Garde von 1876«. Ebenfalls wie bei ihren karnevalistischen Idolen bricht am 11.11. die fünfte Jahreszeit aus, die am Rosenmontag und Faschingsdienstag zu ihrem Höhepunkt segelt.

»Wolle mer se roilosse?«, fragt der Fastnachtsenthusiast. Na ja, wenn's denn sein muss, denkt sich der Fastnachtsverweigerer.

Für humorresistente Mitbürger ist dieser Ausbruch von wiederholten »Helau«-Rufen komplett unverständlich, viele dieser Fastnachtshasser verreisen in dieser Zeit. Findige Hoteliers im norddeutschen, fast karnevalsfreien Raum geben gezielt an diesen Tagen Asyl.

In Seligenstadt gehört die Fastnacht seit Jahrzehnten zum kulturellen Gut der Stadt. Schon in den revolutionären Jahren um 1848 nahmen sich die Bürger Seligenstadts die Freiheit, um der gestrengen Obrigkeit der Stadt unter der Narrenmaske die Meinung zu sagen. Durch ihren historischen Hintergrund und die dadurch bestehenden rheinischen Wurzeln werden die »Schlumber«, so der Name der Seligenstädter im Volksmund, jedes Jahr von einer wilden närrischen Welle gepackt und in den Karnevalsbetrieb gespült. Wie in allen Städten, in denen der Karneval gepflegt wird, finden auch in Seligenstadt große Umzüge statt, genauso wie Gala-Sitzungen oder die offizielle Vorstellung des Prinzenpaars. Getreue Mitglieder der fastnachtstragenden Vereine der Stadt gründeten 1998 das »Seligenstädter Fastnachtsmuseum«. Dieses befindet sich seit 2004 an einem Ort, den man für ein solches Museum nicht besser hätte wählen können: den Räumlichkeiten der Privatbrauerei Glaab.

Darauf ein Glaabsbräu Hefe dunkel!

Adresse Frankfurter Straße 9, 63500 Seligenstadt | Anfahrt Die Landesstraße 3065 von Stockstadt führt direkt zur Frankfurter Straße in Seligenstadt. | Öffnungszeiten So 15–17 Uhr | Tipp Die Legende von Seligenstadt: »Selig sei die Stadt genannt, wo ich meine Tochter wiederfand.« Dieser Spruch steht rund um den Erker des Einhardhauses und soll von niemand Geringerem sein als von Karl dem Großen.

101 Mainfähre

Ein kurzes, fast maritimes Vergnügen

Mainfähren haben für die heutige Zeit schon etwas Anachronistisches. Und sie haben etwas vollkommen Liebenswürdiges. Zwölf sind es noch, übrig geblieben von mehreren Dutzend in den letzten Jahrzehnten.

Die Mainfähre von Mondfeld nach Stadtprozelten liegt am Flusskilometer 144, die Überfahrt dauert geschätzte drei Minuten.

Doch trotz der Kürze der Fahrt stellt sich an einem warmen Julinachmittag ein kleines maritimes Glücksgefühl ein. Nur kurz kann der Fahrer des Pkws sein Fahrzeug verlassen, doch die warmen Sonnenstrahlen um diese Uhrzeit haben etwas Meditatives, Beruhigendes.

Stadtprozelten ist ein von mittelalterlichen Fachwerkhäusern geprägtes Städtchen, die Herrschaft des Deutschen Ordens im 14. und 15. Jahrhundert prägte das Gesicht der Stadt. Überragt wird sie von der Henneburg, fast 200 Jahre lang Sitz des Deutschen Ordens und 1688 angeblich von französischen Soldaten zerstört. Der Aufstieg zur Burg sei hiermit nachhaltig empfohlen, die traumhafte Aussicht in Richtung Odenwald entschädigt für alle Mühen des Aufstiegs.

Eine Besonderheit Stadtprozeltens ist der nur alle sieben Jahre aufgeführte Schäfflertanz. Schäffler sind Fassküfer, der Legende nach tanzte diese Berufsgruppe als erste wieder auf den Straßen Münchens nach einer Pestepidemie 1517. Beim Schäfflertanz gibt es außer den eigentlichen Tänzern auch noch Fassschlager, Spaßmacher und Reifenschwinger, die Holzreifen so geschickt bewegen müssen, dass aus den darauf abgestellten Schnapsgläsern kein Tropfen verschüttet wird. Wandernde Küfergesellen haben dann diesen Brauch im gesamten süddeutschen Raum verbreitet, und im Jahre 1887 wurde der erste Schäfflertanz auch in Stadtprozelten aufgeführt. Der nächste findet wieder im Jahre 2013 und dann wieder alle sieben Jahre an einem Sonntag, drei Wochen vor Ostern, statt.

Und nun wieder auf die Fähre, feine drei Minuten aquatisches Leben für ganz wenige Eurocent.

Adresse Fährgasse, 97909 Stadtprozelten | **Anfahrt** von Freudenberg auf der L 2310 nach Mondfeld, dort links in die Fährgasse einbiegen | **Öffnungszeiten** der Fährmann holt über: Mo–Fr 6–18 Uhr, Sa u. So 9–19 Uhr. | **Tipp** Die katholische Pfarrkirche St. Vitus in Dorfprozelten nach Plänen des Dombaumeisters Josef Schmitz wurde um 1900 im Stil der Neoromanik erbaut.

102 Heiliger Burkard

Bischof von Würzburg

Burgheard wurde um das Jahr 683 nach Christus im Südwesten von England geboren. Er muss von vornehmer Herkunft gewesen sein und entschied sich, aller Privilegien zum Trotz, für die Missionsarbeit. Von Bonifatius zum Priester geweiht, gelangte er, der nun Burkard genannt wurde, nach Neustadt am Main.

Franken, und es ist egal, ob es nun Unter-, Mittel- oder Oberfranken sind, zu etwas bewegen zu wollen, was sie nicht möchten, ist, um es einmal vorsichtig auszudrücken, eine Herausforderung. So hatte zwar der heilige Kilian zusammen mit seinen treuen Gefährten Kolonat und Totnan die Franken missioniert, doch immer, wenn sich die drei auch nur umdrehten, tendierten diese wieder sehr schnell zu ihrem gewohnten Heidentum. Dass Frustrationen bei dem mühsamen Geschäft der Missionierung dabei nicht ausblieben, spürte auch Burkard. Er legte 754 alle seine Ämter, auch das des ersten Bischofs von Würzburg, das er seit 741 bekleidete, nieder und wurde Einsiedler bei Homburg.

Die Homburger Tropfsteinhöhlen waren dabei schon seit einigen Jahren genutzt worden, speziell als Wohn- und Klosterzellen der Mönche, die die Abgeschiedenheit und auch die Kargheit der einzelnen Zellen ganz bewusst gewählt hatten.

Einer alten Legende zufolge wurde Burkard, lateinisch Burkhardus, auf einer Reise von Wegelagerern verfolgt und rettete sich in die Homburg. Diese schien ihm aber nicht sicher genug, daher wählte er als Versteck vor seinen Verfolgern die Tropfsteinhöhle unter der Burg. Die Häscher durchsuchten die Feste von oben bis unten, sie drehten das Innerste nach außen und fanden auch den schmalen Eingang zur Höhle. Doch dieser war mit einem zarten Spinnennetz mit Tautröpfchen daran verhangen, und so, da sie kein Eindringen in die Höhle vermuteten, verließen die Räuber wieder das Gemäuer. Die Höhle seiner Errettung, die Burkhardus-Gruft, wählte Burkard dann nach seiner Demission zum Ruhesitz.

Adresse 97855 Triefenstein-Homburg | **Anfahrt** von der Staatsstraße 2299 aus Richtung Wertheim kommend in Homburg rechts in die Fahrgasse einbiegen, vom Eingangsbereich des Schlosses Homburg ganz nach hinten durchgehen und dann der Treppe nach unten folgen | **Öffnungszeiten** Zur Besichtigung der Schlosskapelle und der Gruft sind die Einlassschlüssel leihweise bei mehreren Adressen zu bekommen. Die Liste findet man unter: www.tourismus-triefenstein.de/homburg. | **Tipp** Im Gasthaus Bräuscheuere, Zeller Tor 6, 97855 Triefenstein-Homburg, wird eigenes Bier gebraut.

103_Museum Papiermühle Homburg

Des Schreibers Träume

»Lumpen ergeben Papier, Papier ergibt Geld, Geld ergibt Banken, Banken ergeben Darlehen, Darlehen ergeben Schuldner, Schuldner ergeben Bettler, Bettler ergeben Lumpen, Lumpen ergeben …«

Ein netter Text eines unbekannten englischen Autors des 18. Jahrhunderts empfängt den Besucher im Eingangsbereich des Museums Papiermühle Homburg.

Papiermühlen haben eine lange Tradition, die erste Papiermacherei auf deutschem Boden stand 1390 in der Nähe von Nürnberg.

Wasser und Wasserkraft waren die Grundvoraussetzungen, um eine solche Papierwerkstatt am Laufen zu halten. Wenn diese Voraussetzungen geschaffen sind, verbleiben noch vier Schritte in der manuellen Papierherstellung: Schöpfen – Gautschen – Pressen und Trocknen. Dies alles passiert, nachdem die Papierrohstoffe wie Lumpen, Hanf, Baumwolle oder altes Papier in einer Maschine, die der Papierhersteller den »Holländer« nennt, zerfasert wurden.

Die Papiermühle in Homburg entstand 1807, nachdem der Papiermüller Leonhard Leinzinger seine angestammte Mühle in Windheim im Spessart wegen Wassermangels aufgeben musste. Kurzerhand zerlegte er die Mühle in ihre Einzelteile und transportierte sie auf dem Main nach Homburg. Der Pfälzer Johann Follmer, Urahn des jetzigen Papiermachers Johannes Follmer, übernahm die Mühle, und die Familie betrieb diese bis ins Jahr 1975.

Nach einer aufwendigen Restaurierung konnte die Papiermühle Homburg 1997 als Museum wiedereröffnet werden, 1999 wurde dann die Papiermanufaktur angeschlossen. Wurden einstmals von der Mühle sehr spezielle Schreibpapiere hergestellt, wie bis 1910 handgeschöpftes Bütten, produzierte man dann bis zur Stilllegung fast ausschließlich Aktendeckel und Packpapier. Heute bietet Papierspezialist Follmer wieder das feine Büttenpapier an, chapeau!

Adresse Gartenstraße 11, 97855 Triefenstein-Homburg, Tel. und Fax 09395/99222, www.papiermuehle-homburg.de | **Anfahrt** von der Staatsstraße 2299 rechts auf die Remlinger Straße einbiegen, dann nochmals rechts in die Gartenstraße | **Öffnungszeiten** Mai–Okt. Di–Fr 10–12 Uhr und 14–16 Uhr, Sa, So und feiertags 10–12 Uhr und 14–17 Uhr; Führungen, Papierschöpfen, Maschinenvorführungen nach Anmeldung | **Tipp** Der Weinhof von Adolf und Angelika Blank in der Maintalstraße 33 bietet einen wundervollen »Homburger Kallmuth Blauburgunder Rosé« an.

104 Der Katzenbuckel

Die Skeptiker und die Weltcupsiegerin

Schneehöhe 30 Zentimeter, feste Schneedecke, kein Tauwetter in Sicht, Sonnenschein bei minus sechs Grad, Schneebruch an diesem Wochenende nicht zu erwarten, Loipen frisch ausgespurt, Tee mit einem kräftigen Schuss gibt es frisch gebrüht auch in dieser Saison wieder im Gasthof.

Genau das sind die Bedingungen, die Wintersportler lieben. Im Odenwald ist Langlauf an diversen Orten und Höhenlagen möglich, am Katzenbuckel, der höchsten Erhebung des Odenwalds, ist dies Tradition. Vier Loipen sind meistens gespurt, von der Kur-Loipe mit dreieinhalb Kilometern bis zur Hirschberg-Loipe mit knapp acht Kilometern ist alles drin – aber bitte immer die Laufrichtung beachten!

Nun gibt es natürlich Skeptiker, und die Fragen »Ist denn der Odenwald ein richtiges Skigebiet?« oder »Was soll ich denn auf den kleinen Buckeln, da fahre ich doch lieber gleich in den Schwarzwald!« liegen in der Luft. Diese Luft lassen Lokalpatrioten den Skeptikern sofort mit dem Argument »Wo hat denn die Gesamtweltcupsiegerin und Sportlerin der Jahre 1994, 1996 und 1998 Katja Seitzinger Skifahren gelernt?« aus den Skiern. Die Antwort ist nämlich: »Auf dem Katzenbuckel« – und eine bessere Referenz als den Namen der Meisterskifahrerin braucht es nun ja wohl wirklich nicht mehr.

Außerdem verfügt das Skigebiet der Skizunft Odenwald über eine Skisprungschanze. Der Rekord liegt so um 30 Meter – nicht schlecht für diese kleine Schanze, aber auch noch nicht olympiareif. Dennoch, und das muss man den Springern jedes Jahr wieder quittieren, sehr engagiert und couragiert.

Warum der Katzenbuckel »Katzenbuckel« heißt, bedarf nicht allzu vielem Nachdenken. Nett die Anekdote, dass deutsche Auswanderer aus der Eberbacher Gegend in Pennsylvania einem Berg den gleichen Namen verpassten, heute verballhornt als »The Catseboucle«, und die Straße, die auf diesen Berg in der fernen amerikanischen Landschaft führt, heißt »The Cat's Back Road«.

Adresse 69429 Waldbrunn | **Anfahrt** Die Kreisstraße 3926 in Richtung Waldkatzenbach fahren, links in die Katzenbuckelstraße einbiegen und bis zum Parkplatz am Ende der Straße weiterfahren. Bis zum Aussichtsturm sind es dann noch einige Minuten zu Fuß. Den etwas beschwerlichen Weg zum Katzenbuckelsee sollte man auf jeden Fall auf sich nehmen – das türkisblaue Wasser ist eine Wohltat für Augen und Seele. | **Tipp** »Tief im Odenwald, da steht ein Bauernhaus so hübsch und fein …« Der Textdichter dieser Odenwaldhymne könnte ohne Weiteres den Oberhöllgrund gemeint haben – wild und romantisch windet sich der Weg von Waldbrunn nach Unterhöllgrund.

105 Die Adam-Karrillon-Straße

Am Bücherbrunnen vor dem Tore

Wer kennt noch den »Michael Hely«, »Die Mühle von Husterloh« oder »Die windschiefen Gesellen«? Wer hat noch »Im Lande unserer Urenkel«, »Meine Argonautenfahrt« oder »Adams Großvater« in seinem Bücherregal stehen?

Allesamt sind Buchtitel eines Mannes, dessen Autorenschaft ein Hermann Hesse mit den Worten lobte: »Er schreibt ein prächtiges Stück Volksgeschichte, in allen Fasern lebensecht.«

Die Rede ist von Adam Karrillon, Wald-Michelbacher von Geburt, dort 1853 als zehntes Kind eines bitterarmen Dorfschullehrers geboren. Zeit seines Lebens schlummerten mehrere Herzen in seiner Brust. Ausgebildet war er als Mediziner, doch seine Liebe galt der Schriftstellerei, seine Heimat war jenes kleine Stück zwischen Vorderem und Hinterem Odenwald, das man den Überwald nennt. Doch war er zu Hause, überkam ihn stets ein gewaltiges Fernweh. Als Schiffsarzt unternahm er Kreuzfahrten, entdeckte für sich Griechenland und Palästina. Dort angekommen vermisste er alsbald seine waldreiche Heimat, und so drehte sich das ereignisreiche Leben des Adam Karrillon immer in wechselnden Zyklen von Fern- und Heimweh. Dieses Heimweh bekämpfte er in seinen Romanen, die man im allerbesten Sinne als »Odenwald-Literatur« bezeichnen kann. Oftmals angelehnt an seine eigene Autobiografie schildert zum Beispiel der »Michael Hely« die Lebensumstände der Leute im Südwesten Deutschlands im 19. Jahrhundert. 1923 erhielt er (zusammen mit dem Komponisten Arnold Mendelssohn) den ersten Büchnerpreis überhaupt, und die Deutsche Schillergesellschaft erkannte ihm im gleichen Jahre den Ehrenpreis zu.

In seiner Heimatstadt steht in unmittelbarer Nähe seines Geburtshauses der Bücher- und Zitatebrunnen des Künstlers Martin Hintenlang – ein wunderbarer Platz.

Adresse Adam-Karrillon Straße, 69483 Wald-Michelbach | **Anfahrt** von der B 38 von Mörlenbach auf die L 3120 nach Wald-Michelbach, in der Ortsmitte geht dann links die Adam-Karrillon-Straße ab | **Tipp** Die Kleiderbügelsammlung des Heimatmuseums Überwald in Wald-Michelbach kann man wohl mit Fug und Recht als einmalig bezeichnen.

106 Lichtermuseum Wettersdorf

... und es ward Licht!

Laternen, Lampen, Leuchten, Öllampen, Klosterlampen, Bergwerksbeleuchtung, jüdische Lichtgeber, Grubenlampen, Schaffnerlampen und Schiffsbeleuchtungen. Endlos wird die Aufzählung der Objekte, die der eigenwillige Sammler Walter Frenzl über die Jahre zusammengetragen hat. Dazu kommen noch Dochtscheren, Feuerzeuge, Kerzen, Wachsstöcke, Löschhütchen, Zundertaschen und Streichholzhalter – das Lichtermuseum Wettersdorf ist ein Spezialmuseum der ganz eigenen Art.

Walter Frenzl war auf USA-Tour, als er auf einem Flohmarkt eine alte Petroleumleuchte der American Railroad entdeckte und dieses Schmuckstück mit nach Hause nahm. Diese Leuchte traf ihn wie ein Blitz (!), von nun an begann die Leuchten-Sammelleidenschaft des Walldürners. Über 2.000 Objekte sind seither zusammengekommen, Zeugen des Erfindungsreichtums früherer Generationen. Beleuchtung war schon immer ein großes Thema der Menschheit, speziell in der Zeit vor der Elektrifizierung gelang es den Menschen, mit den möglichsten und unmöglichsten Mitteln eine Lichtquelle zu schaffen.

Der Besuch dieses einmaligen Museums ist ein gewichtiger Grund, nach Walldürn aufzubrechen. Ein weiterer ist die große Bedeutung des Orts für Wallfahrer. »Kraft schöpfen im Odenwald« – mit diesem griffigen Slogan wirbt Walldürn um Gäste. Ob nun Pferdewallfahrt, Reisemobilwallfahrt, Motorradwallfahrt oder Fahrradwallfahrt, seit fast 700 Jahren besuchen Gläubige aus aller Herren Länder Walldürn, um das »Blutwunder von Walldürn« zu sehen. Das Korporale aus dem Jahre 1330 wird seit 1445 offiziell als Wunder anerkannt. Damals war auf dem Altartuch noch das Abbild von Jesus Christus sichtbar, seit 1950 wird das »Wunder« auch wissenschaftlich akzeptiert – man konnte das verblasste Abbild des Heilands mit UV-Licht wieder sichtbar machen.

Adresse Odenwaldstraße, 74731 Walldürn, Tel. 06281/3094, www.lichtermuseum.de | Anfahrt Wettersdorf ist auf der B 27 von Mosbach oder Würzburg/Tauberbischofsheim erreichbar. Autobahnausfahrt an der A 81/E 41 ist Osterburken. | Öffnungszeiten April–Okt. jeden ersten So des Monats 14–17 Uhr. Der Eintritt ist frei. | Tipp Nahe der Wallfahrtsbasilika findet sich eine große Marienstatue. Das Stadt- und Wallfahrtsmuseum dahinter besitzt einen beachtlichen Fundus.

107_ Bas Gret und Vetter Philip

Die Woinemer Fastnacht

Es waren meist Paare, die die Weltgeschichte beeinflussten.

Und es waren ebenfalls meist Paare, die die schönsten Anekdoten der Weltgeschichte lieferten. Nehmen wir doch nur einmal die ganz großen Helden der Geschichte: Cäsar, Napoleon oder Maxe Schmeling. Keiner der drei ist denkbar ohne seine weibliche Begleitung: Kleopatra, Josephine und Anny Ondra.

Genauso verhält es sich bei den beiden Weinheimer Lokalgrößen: der Bas Gret und dem Vetter Philip – der eine undenkbar ohne die andere. Phantasiereicher Schöpfer dieser beiden Figuren war Karl Zöller. Der bekannte Heimatdichter hatte ab Anfang des Jahres 1928 eine ständige Kolumne im Weinheimer Anzeiger und ließ dabei seine beiden Protagonisten herrlich locker vom Leder ziehen. Die beiden kritisierten und analysierten die Geschehnisse in und um Weinheim schnörkellos und in bester Woinemer Mundart.

Da die beiden genau den Ton und die Sprache des größten Teils der Bevölkerung trafen, war es nur eine Frage der Zeit, bis die »Weinheimer Blüten«, die örtliche Karnevalsgesellschaft, das Pärchen auf die Bretter, die auch für die Jünger »Narrhallas« die Welt bedeuten, holten. Und so standen die Gret und der Philip seit 1929 alljährlich, in wechselnder Besetzung, auf der Bühne – leider im Jahr 2011 zum letzten Mal.

Karneval in Weinheim, das heißt auch alljährlich wieder eine Woche Ausnahmezustand in der Stadt. Da maskiert sich der honorige Rechtsanwalt als Althippie, die stramme Metzgersgattin schlüpft in abenteuerliche High Heels, und der ansonsten kaum auffällige Allgemeinmediziner mutiert zu Gary Cooper, wobei er sich lässig in bester Western-Manier den Spielzeug-Peacemaker um die Hüfte schnallt.

Seriöse Forscher sehen in der Fastnacht, im Kostümieren mit Masken auch ein Instrument vergangener Jahrhunderte, mit dem der Winter vertrieben werden sollte – mag so sein, doch heute ist die Fastnacht wohl eher das Instrument der Polonaise und der Büttenverse.

Adresse Windeckplatz/Am Schloßberg, 69469 Weinheim | **Anfahrt** die A 5 an der Anschlussstelle »Weinheim« verlassen und dem Wegweiser »Touristische Ziele« folgen, nach etwa einem Kilometer an der Ampel in die Altstadt einbiegen und einen der ausgewiesenen Parkplätze benutzen; auf dem Weg zum Marktplatz passiert man dann den Windeckplatz | **Tipp** Das Cafe Florian am Marktplatz in Weinheim hat eine beeindruckende Frühstückskarte.

108 Grabstätte Sepp Herberger

Fußball ist mehr als 1:0

Sepp Herberger war ein Mann äußerster Genauigkeit mit leichtem Hang zur Pedanterie. Der frühere SPIEGEL-Reporter Jürgen Leinemann, der eine fabelhafte Herberger-Biografie vorgelegt hatte, wertete für seine Arbeit Berge von handgeschriebenen Notizzetteln, Tagebüchern und ein Konvolut von gut 360 Leitz-Ordnern aus. Herberger, der kein Abitur hatte und auch sonst niemals im Verdacht stand, ein Intellektueller zu sein, erarbeitete sich seine Kompetenz von der Pike auf, mit dem Endergebnis, dass ihm niemand in Sachen Fußball das Wasser reichen konnte. Dass sein verlängerter Arm auf dem Spielfeld, der Kaiserslauterner Fritz Walter, die Fragen der Reporter beantwortete und somit in den Mittelpunkt rückte, war dem gewieften Taktiker recht – hatte er doch schon lange vorher mit Walter genau abgesprochen, was der in die Mikrofone der Journalistenschar sprechen sollte.

Der größte Triumph – 3:2, das »Wunder von Bern«, gegen die hochfavorisierten Ungarn um Major Ferenc Puskas und »Goldköpfchen« Sandor Kocsis am 4. Juli 1954 im Berner Wankdorfstadion – war für viele der damaligen Fußballenthusiasten überraschend. Niemand hatte Deutschland als Weltmeister auf dem Schirm. Doch dieser große Triumph war auch schon der Anbeginn des Abstiegs des Trainers Herberger – ja, er hatte recht: Nach dem Spiel ist auch immer vor dem Spiel. Die Leistungen der Nationalmannschaft der BRD ließen nach 1954 deutlich nach, Herberger hielt noch eine Weile durch, ging aber nach der verkorksten Weltmeisterschaft 1962 in Chile dann im Jahre 1964 endgültig in Rente.

Sein Grab in Weinheim-Hohensachsen ist ganz sicher kein Wallfahrtsort für Fußballnostalgiker, aber besuchen kann man den »Chef« dort allemal. Das Auto lässt man am besten unten im Ort stehen, der Fußweg ist äußerst reizvoll.

Adresse Friedhof Hohensachsen, verlängerte Sepp-Herberger-Straße, 69469 Weinheim-Hohensachsen | **Anfahrt** bei Weinheim-Großsachsen die B 3 verlassen und rechts auf die Hohensachsener Straße fahren | **Tipp** Weinheim nennt sich auch die »Zwei-Burgen-stadt« – zu Recht: Jeder Besucher des schönen Weinheims sollte den Burgen Windeck und Wachenburg seine Aufwartung machen.

109 Grafschaftsmuseum

Otto und Louise Modersohn

Das Museum in der Wertheimer Altstadt ist ein Komplex aus mehreren historischen Gebäuden. Das alte Rathaus, das Haus der Vier Gekrönten und das Blaue Haus bilden den Rahmen für verschiedenste kulturgeschichtliche Ausstellungen. Wachgehalten wird hier die Erinnerung an die unterschiedlichsten Aspekte in der Geschichte der Grafschaft: Weinbau, Fischerei, Möbel, Münzen und die Alltagskultur im Mainfränkischen über mehrere Jahrhunderte sind die Themen.

Der Maler Otto Modersohn und seine dritte Ehefrau Louise Modersohn-Breling, eine Opernsängerin, die sich nach ihrer Heirat ebenfalls der Malerei zuwandte, kannten Wertheim schon seit einer Reise im Jahr 1916. Sechs Jahre später unternahmen Otto und Louise mit etlichen Malerfreunden von ihrem Wohnort Fischerhude aus eine Studienreise ins Fränkische. Die ungezwungene Atmosphäre Wertheims und die Lichtfülle der Stadt und der Umgebung waren für die norddeutschen Maler Inspiration und Motivation zugleich. Im Otto-Modersohn-Kabinett des Grafschaftsmuseums werden in wechselnden Zusammenstellungen Ansichten aus Wertheim und Würzburg sowie Motive der Modersohns aus dem Allgäu gezeigt. Ebenso bietet das Museum anderen Malern, die sich mit der Stadt Wertheim beschäftigt haben, eine Möglichkeit der Präsentation.

Wertheim ist das Paradebeispiel dafür, dass man in der Dreiländerregion Hessen, Bayern und Baden-Württemberg mit der eigenen, hausgemachten Geografie schon einmal die Orientierung verlieren kann. Liegt das romantische Wertheim nun im Hessischen, bekommt Bayern den Zuschlag oder doch eher die Freunde aus dem Ländle? Die Auflösung überrascht auch so manchen Bewohner der Region. Wertheim, obwohl an der Mündung der Tauber in den Main gelegen, angeschmiegt an die Ausläufer des Odenwalds und des Spessarts und obwohl dem Main-Tauber-Kreis zugehörig, ist dem Regierungsbezirk Stuttgart unterstellt und somit die nördlichste Stadt in Baden-Württemberg.

Adresse Rathausgasse 6–10, 97877 Wertheim, Tel. 09342/301511, www.grafschaftsmuseum.de | **Anfahrt** Die Landesstraße 506, die Lindenstraße, Richtung Hasloch fahren, rechts in die Friedleinsgasse. Die Rathausgasse liegt in der Fußgängerzone, deshalb einen der umliegenden Parkplätze benutzen. | **Öffnungszeiten** Di–Fr 10–12 Uhr und 14.30–16.30 Uhr, Sa 14.30–16.30 Uhr, So und feiertags 14–17 Uhr | **Tipp** Ein bisschen kitschig, aber nicht schlecht sortiert ist die Factory-Outlet-Stadt »Wertheim Village«.

110_Der Geburtsort von Erna Morena

Die Stummfilm-Diva

So manches Filmlexikon irrt. Erna Morena, die Schöne, ist keine gebürtige Aschaffenburgerin, nein, sie stammt aus dem kleinen, aber feinen Wörth im Unterfränkischen.

Als Ernestine Maria Fuchs wurde sie dort am 24. April 1885 geboren. Den Traum, Schauspielerin zu werden, hatte sie schon früh. Doch erstmal begann sie ein Studium der Kunstgeschichte und nahm danach eine Stelle als Krankenschwester an, zuerst in Straßburg, dann in Berlin. Dort wurde der Traum Wirklichkeit, als der große Max Reinhardt sie 1910 für sein Deutsches Theater in Berlin engagierte. Film war für Schauspieler in der Zeit vor dem Ersten Weltkrieg kein Thema, Kintopp galt als Vergeudung von Talent. Dennoch – Erna Morena betrat 1913 zum ersten Mal ein Filmstudio und gab ihr Debüt in einem, heute wohl zu Recht vergessenen, Film: »Die Sphinx«.

Was danach folgte, macht atemlos. Über 120 Filme drehte die Morena in rascher Folge, große Namen sind unter ihren Regisseuren und Kollegen: Robert Wiene, Richard Oswald und Georg Wilhelm Pabst, Asta Nielsen, Conrad Veidt und Emil Jannings.

Auch das Privatleben läuft gut bei Erna Fuchs. Sie heiratet den Literaturhistoriker Wilhelm Herzog, illustre Freunde sind die Trauzeugen: Frank Wedekind und Heinrich Mann. Filme dreht sie auch immer wieder. Mit der Tonfilmära, die ab 1930 auch in Deutschland beginnt, verblasst der Stern von Erna Morena. Wie vielen Stummfilm-Größen ergeht es auch ihr, die großen Gesten sind nicht mehr gefragt, die Morena dreht nur noch knapp ein Dutzend Tonfilme. Nachdem sie in dem unsäglichen, antisemitischen Veit-Harlan-Streifen »Jud Süß« eine Nebenrolle gespielt hat, zieht sich die Schauspielerin ins Privatleben zurück und eröffnet eine Künstlerpension in München. Vergessen von der Filmwelt stirbt Ernestine Maria Fuchs am 20. Juli 1962 in ihrer Wahlheimat.

Adresse 63939 Wörth am Main | **Anfahrt** Wörth liegt zwischen Aschaffenburg und Miltenberg und ist auf der B 469 gut erreichbar. | **Tipp** Wie in vielen Gemeinden in Unterfranken, findet man auch in Wörth die beliebten Häckerwirtschaften – kleine, gemütliche Winzerschänken, in denen Wein ausgeschenkt wird. Gute Informationen dazu bietet die Seite www.haecke-in-franken.de.

111_Schifffahrts- und Schiffbau-Museum

Verkehrsstraße Main

Glück gehabt hat da der Main. Er ist der längste innerdeutsche Fluss.

Hätte man gewettet, man wäre vielleicht auch auf die Donau, den Rhein, die Elbe oder die Mosel gekommen. Der Main wäre selbst gewieften Hobbylandeskundlern, Ratefüchsen und anderen Experten nicht sofort in den Sinn gekommen. Die Lösung, warum das so ist, ist recht einfach und logisch: Die anderen, neben dem Main genannten, Flüsse münden oder entspringen nicht in Deutschland. Unser Main entspringt im Fichtelgebirge (Weißer Main) und in der Fränkischen Alb (Roter Main), bei Mainz-Kostheim mündet er nach gut geflossenen 520 Kilometern in den Rhein.

Der Main war jahrhundertelang als Transportweg nicht sehr interessant. Seicht floss er dahin, mit vielen Biegungen und Schleifen, verästelt durch unzählige Seitenarme. Erst 1820 begann man mit der Regulierung des Flusses und der Begradigung der Ufer.

Diese und andere Entwicklungen hin zur Binnenschifffahrt zeigt das Museum in Wörth. Die Stadt selbst ist seit dem 13. Jahrhundert eine Stadt der Schiffe und der Schiffer. Seit Mitte des 17. Jahrhunderts wurden hier Boote auf Kiel gelegt.

Das Museum gründete man im Jahr 1991. In die schon vor dem Ersten Weltkrieg profanierte St. Wolfgangskirche eingebaut, zeigt es die Historie der Schifffahrt vom Treideln, also dem Ziehen eines Schiffes vom Ufer aus mittels einer Leine, bis hin zum modernen Dampf- und Dieselschifffahrtsbetrieb.

Spannend dabei ist eine Untergeschichte der Mainischen Binnenschifferei: die Kettenschifffahrt. Diese spezielle Art des Transports wurde von 1886 bis 1936 auf dem Main betrieben, eine moderne Abart des Treidelns. Diese Art der Schiffe nannte der Volksmund schnell die »Meekuh« – die Mainkuh –, weil das Tuten der Kettenschiffe sich wie ein lautes Muhen anhörte.

Adresse ehemalige St. Wolfgangskirche, Rathausstraße 72, 63939 Wörth am Main, Tel. 09372/ 72970, www.schifffahrtsmuseum-woerth.de | **Anfahrt** von der Landstraße Richtung Erlenbach rechts in die Rathausstraße einbiegen | **Öffnungszeiten** Sa und So 14–17 Uhr | **Tipp** Der Mainradweg von Bamberg bis nach Frankfurt am Main führt durch die schönsten Städte, Dörfer und Landschaften der Region.

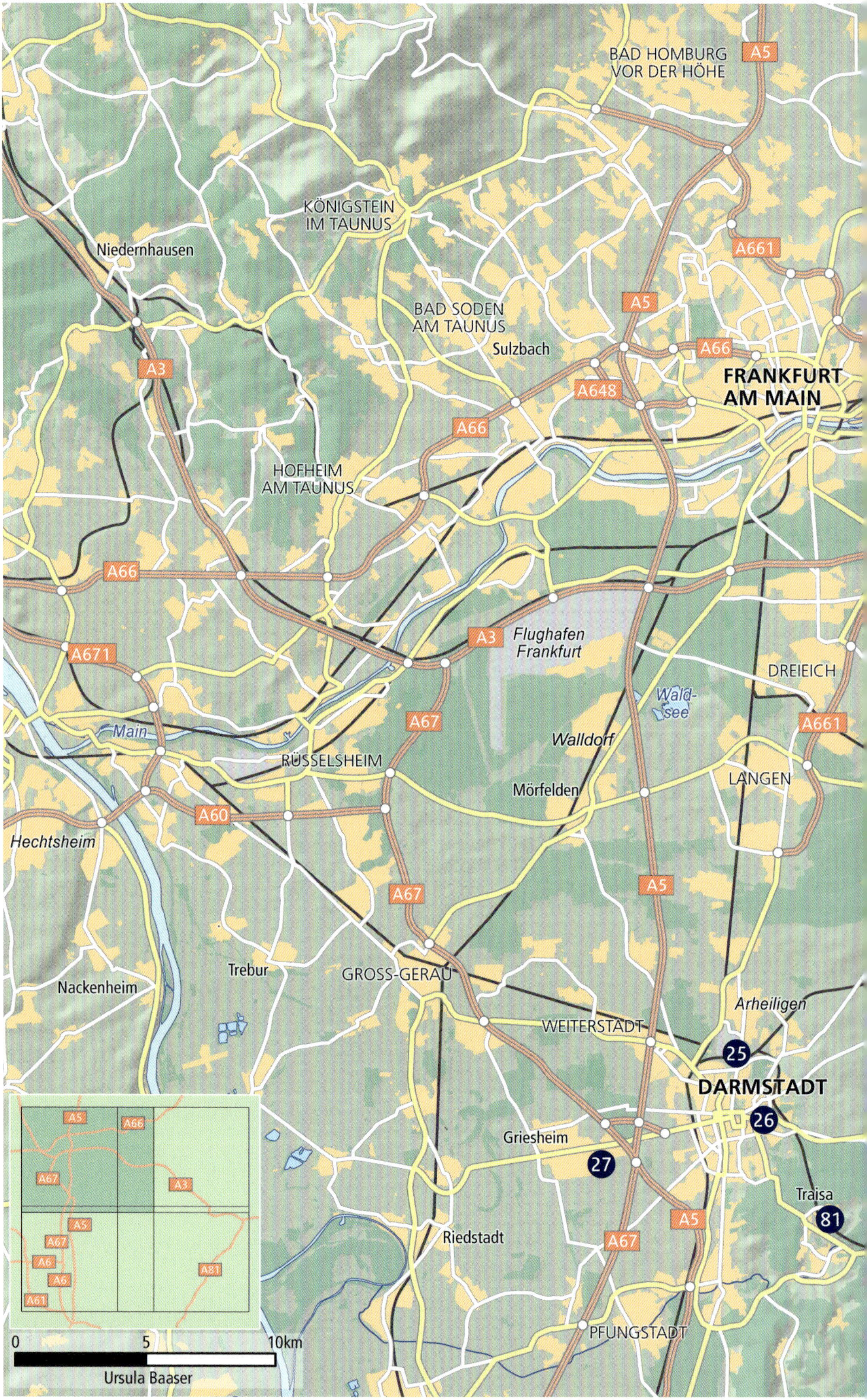
BAD HOMBURG
VOR DER HÖHE
A5
KÖNIGSTEIN
IM TAUNUS
Niedernhausen
A661
A5
BAD SODEN
AM TAUNUS
Sulzbach
A66
A3
FRANKFURT
AM MAIN
A648
A66
HOFHEIM
AM TAUNUS
A66
A3
Flughafen
Frankfurt
A671
DREIEICH
Wald-
see
A67
A661
Main
Walldorf
RÜSSELSHEIM
LANGEN
Mörfelden
A60
Hechtsheim
A67
A5
Trebur
GROSS-GERAU
Nackenheim
Arheiligen
WEITERSTADT
25
DARMSTADT
26
Griesheim
27
Traisa
A5
81
Riedstadt
A67
PFUNGSTADT
A5
A66
A67
A3
A5
A67
A6
A6
A81
A61
0
5
10km
Ursula Baaser

Gelnhausen
40
A45
Niederdorfelden
A66
Bad Vilbel
39
A66
49
Main
HANAU
48
A45
OFFENBACH
ALZENAU
Main
Mensengesäß
76
Mömbris
A3
Hoersteiner See
100
SELIGENSTADT
59
DIETZENBACH
Kleinostheim
RODGAU
A3
Mainaschaff
5
67
4
3
BABENHAUSEN
ASCHAFFENBURG
6
Messel
Langstadt
7
GROSSOSTHEIM
44
Niedernberg
DIEBURG
28
84
Großwallstadt
46
GROSS-ZIMMERN
45
GROSS-UMSTADT
91
OBER-RAMSTADT
REINHEIM
Breuberg
19
Erlenbach am Main
111
34
33
Höchst im Odenwald
54
Rimhorn
Wörth
110
60

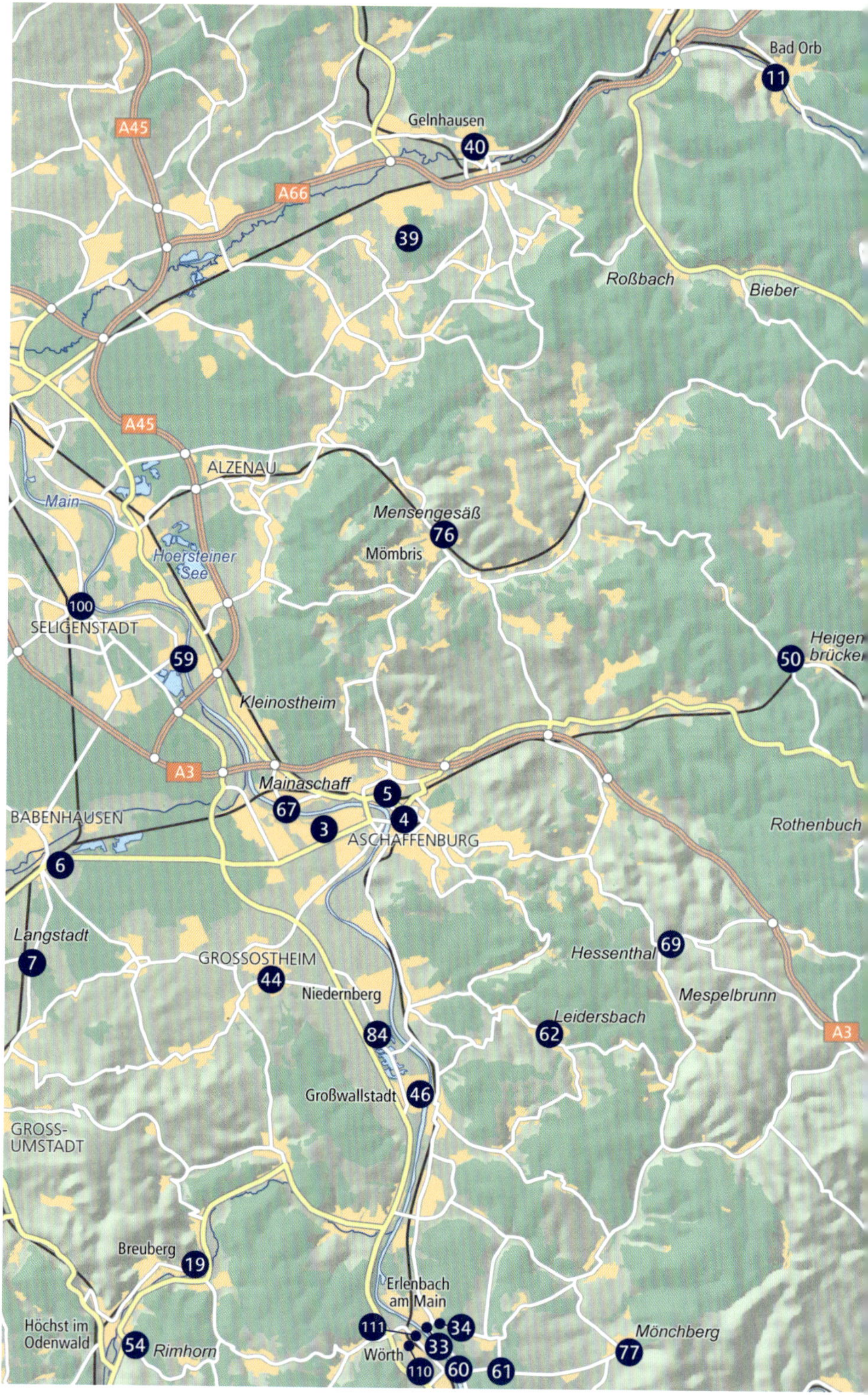

Bad Orb
11
Gelnhausen
40
A45
A66
39
Roßbach
Bieber
A45
ALZENAU
Main
Mensengesäß
76
Mömbris
Hoersteiner
See
100
SELIGENSTADT
59
Heigen
brücke
50
Kleinostheim
A3
Mainaschaff
5
67
3
4
ASCHAFFENBURG
BABENHAUSEN
6
Rothenbuch
Langstadt
7
GROSSOSTHEIM
44
Niedernberg
Hessenthal
69
Mespelbrunn
84
Leidersbach
62
A3
Großwallstadt
46
GROSS-
UMSTADT
Breuberg
19
Erlenbach
am Main
111
34
33
Höchst im
Odenwald
54
Rimhorn
Wörth
110
60
61
Mönchberg
77

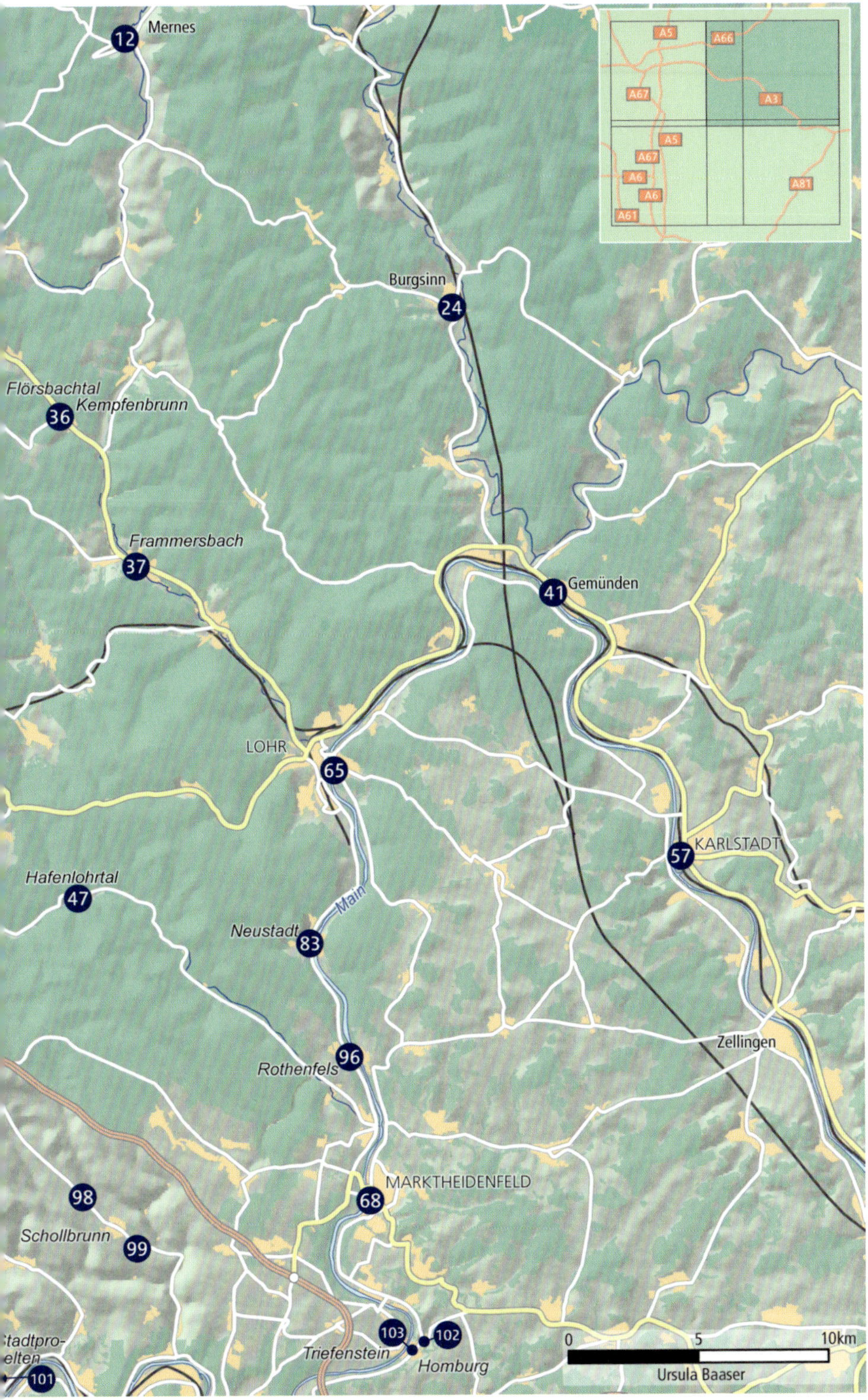

Mernes
12
A5
A66
A67
A3
A5
A67
A6
A6
A81
A61
Burgsinn
24
Flörsbachtal
36
Kempfenbrunn
Frammersbach
37
41
Gemünden
LOHR
65
KARLSTADT
57
Hafenlohrtal
47
Main
Neustadt
83
96
Rothenfels
Zellingen
MARKTHEIDENFELD
68
98
Schollbrunn
99
103
102
Triefenstein
Homburg
101
0
5
10km
Ursula Baaser

PFUNGSTADT
SEEHEIM-JUGENHEIM
Gernsheim
Osthofen
17
16
Auerbach
Rhein
Wattenheim
Biblis
Ried-see
15
BENSHEIM
66
LORSCH
Heppenheim (Bergstraße)
53
52
92
WORMS
A67
Lampertheim
51
Hemsbach
A61
Bobenheim-Roxheim
Silber-see
A6
Viernheim
107
WEINHEIM
A659
Hohensachsen
108
LUDWIGSHAFEN AM RHEIN
Maxdorf
Neckar
MANNHEIM
A650
Rhein
Mutterstadt
A656
A5
A66
A67
A3
A5
A67
A6
A6
A61
A81
Schwetzingen
HEIDELBERG
A6
A5
A61
0
5
10km
Ursula Baaser
SPEYER
Leimen
Sandhausen

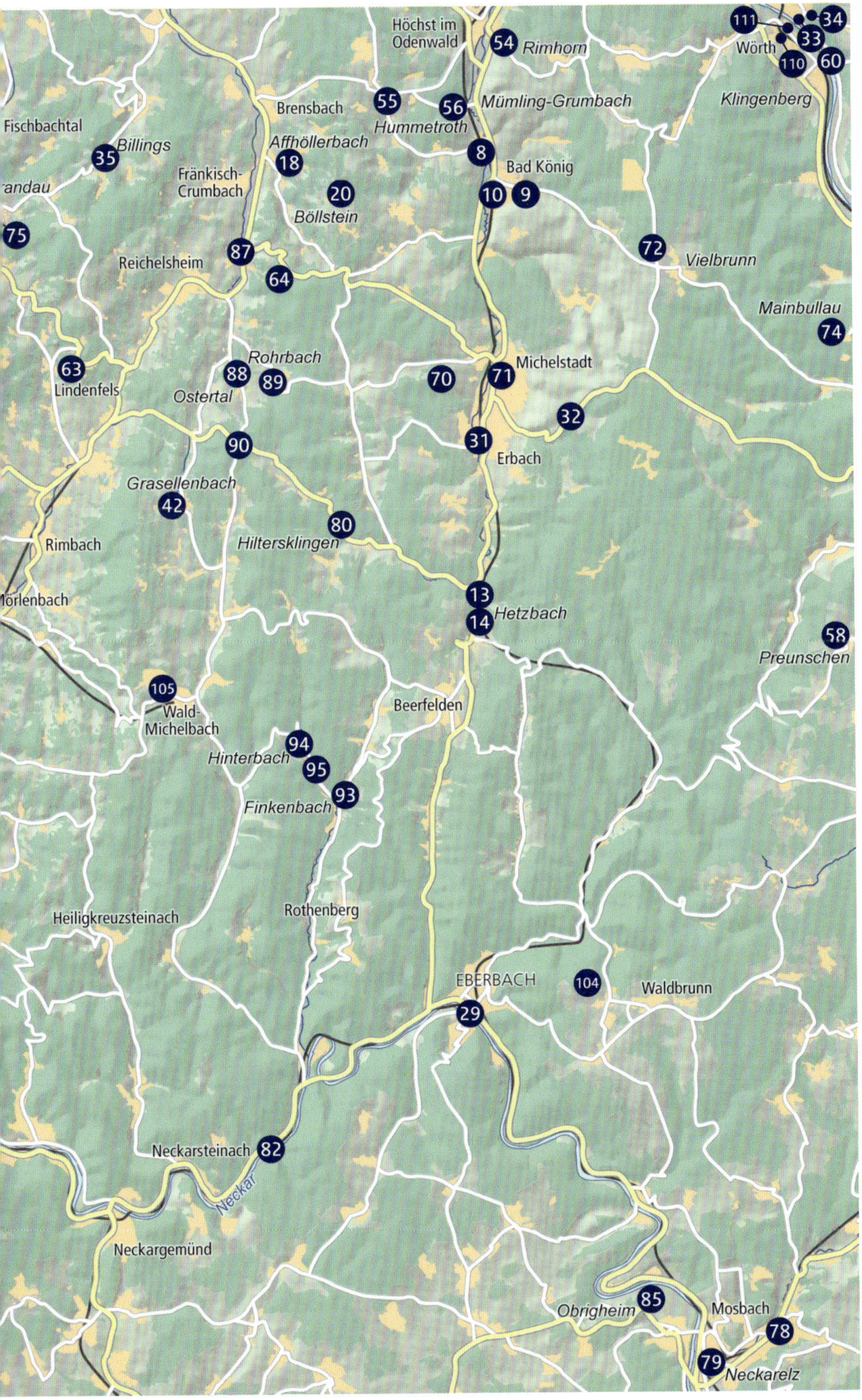

Höchst im Odenwald
54 Rimhorn
111
34
33
Wörth
110
60
Klingenberg
Fischbachtal
Brensbach
55
56 Mümling-Grumbach
Hummetroth
35 Billings
Affhöllerbach
18
Fränkisch-Crumbach
8
Bad König
10
9
20
Böllstein
75
87
Reichelsheim
64
72
Vielbrunn
Mainbullau
74
63
Lindenfels
Rohrbach
88
89
Ostertal
70
71
Michelstadt
32
31
Erbach
90
Grasellenbach
42
80
Hiltersklingen
Rimbach
13
14
Hetzbach
58
Preunschen
105
Wald-Michelbach
Beerfelden
94
Hinterbach
95
93
Finkenbach
Heiligkreuzsteinach
Rothenberg
EBERBACH
104
Waldbrunn
29
Neckarsteinach
82
Neckar
Neckargemünd
85
Obrigheim
Mosbach
78
79
Neckarelz

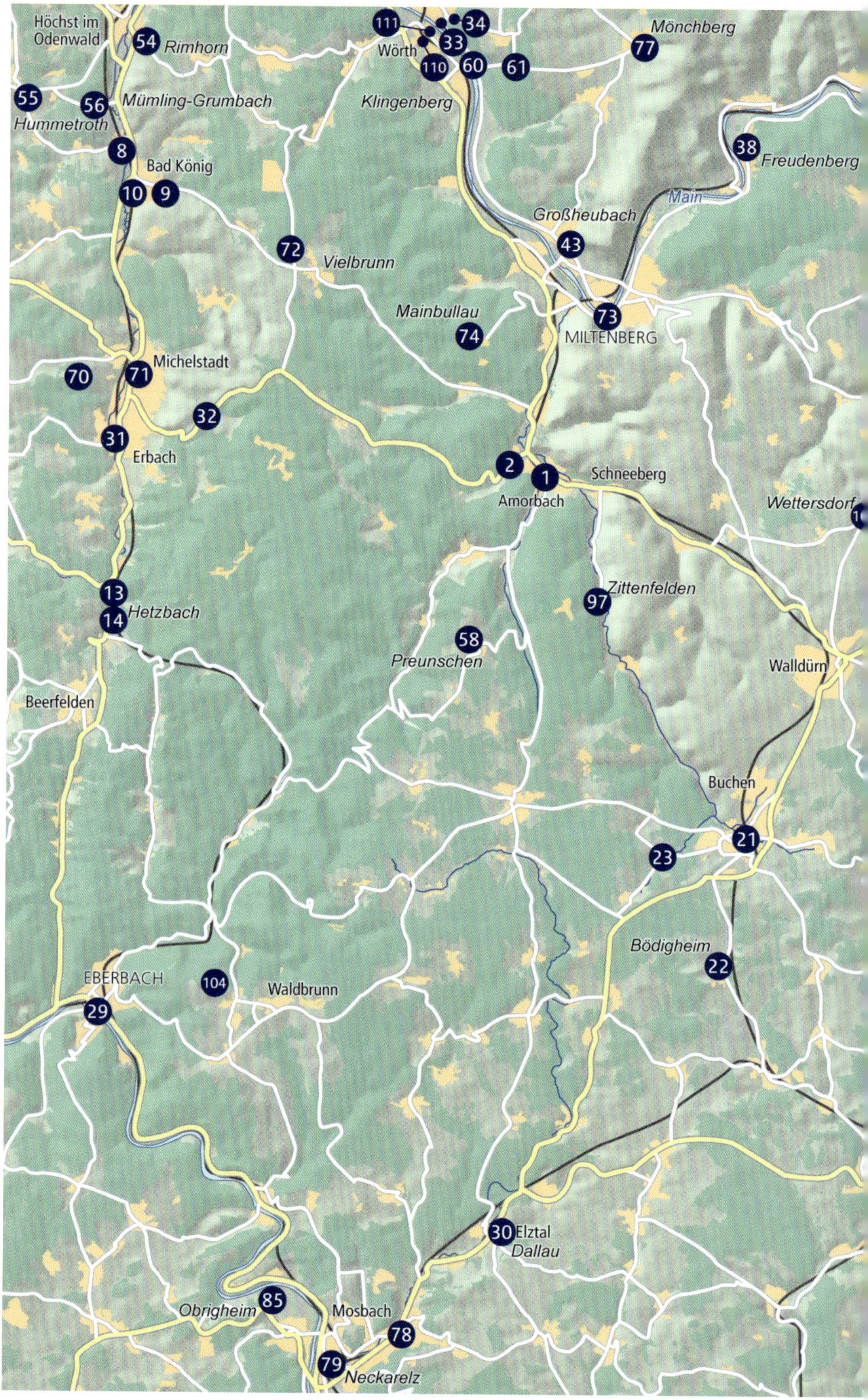
Höchst im Odenwald
54
Rimhorn
111
34
33
Wörth
110
60
61
Mönchberg
77
55
56
Mümling-Grumbach
Klingenberg
Hummetroth
8
38
Freudenberg
Bad König
10
9
Main
Großheubach
43
72
Vielbrunn
Mainbullau
73
74
MILTENBERG
70
71
Michelstadt
32
31
Erbach
2
1
Schneeberg
Amorbach
Wettersdorf
13
97
Zittenfelden
14
Hetzbach
58
Preunschen
Walldürn
Beerfelden
Buchen
21
23
Bödigheim
22
EBERBACH
104
Waldbrunn
29
30
Elztal
Dallau
Obrigheim
85
Mosbach
78
79
Neckarelz

101
103
102
Triefenstein
Homburg
A3
109
WERTHEIM
Külsheim
A81
TAUBERBISCHOFSHEIM
Hardheim
LAUDA-
KÖNIGSHOFEN
BAD
MERGENTHEIM
Boxberg
Ahorn
Osterburken
86
Assamstadt
Krautheim
Schöntal
A5
A66
A67
A3
A5
A67
A6
A6
A61
A81
0
5
10km
Ursula Baaser

Ein großes Dankeschön geht an unseren Sohn Jan Steiger und seine Bianca Bertram.
Ein großer Dank auch an unsere Mitarbeiterin Gerda Göttmann – ohne ihre gewissenhafte Vertretung in unserer Literaturhandlung hätten wir nicht wochenlang auf Recherchefahrt gehen können.
Dank auch an Christel Steinmetz, Sonja Erdmann und Franziska Emons im Verlag.
Besonderen Dank an unsere Lektorinnen Gabriele Kalmbach und Sarah Richert.

Die Autoren

Gertrud Steiger, gelernte Einzelhandelskauffrau mit langjähriger Tätigkeit in einem gewerkschaftlichen Handelsbetrieb. Seit 1986 selbstständige Buchhändlerin in Bad König/Odenwald.

Joachim Steiger, Jahrgang 1959, studierte Politikwissenschaften, Neuere und Neueste Geschichte sowie Buchwesen in Berlin und Mainz. Seit 1986 selbstständiger Buchhändler in Bad König/Odenwald.